Françoise Paoletti

En France
quelle immigration ?

HATIER

SOMMAIRE

À chaque crise économique grave – fin du XIXe siècle, entre-deux-guerres ou depuis la fin des années 70 – la présence des étrangers en France suscite de vives réactions. Elles se cristallisent sur les immigrés qui sont ressentis à la fois comme un danger économique et social, voire culturel et ethnique.

Berceau des droits de l'homme et terre d'immigration depuis plus d'un siècle et demi, la France semble impuissante à dépassionner ce débat. En effet, les questions des années 30 se posent à nouveau aujourd'hui. Les étrangers sont-ils trop nombreux ? Le problème du chômage sera-t-il résolu s'ils quittent le pays ? Les étrangers sont-ils responsables du déficit de la protection sociale ? Existe-t-il des nationalités moins assimilables que d'autres ?

La population étrangère résidant en France représente un peu plus de 6 % de la population française mais connaît-on vraiment la réalité immigrée ? En effet, les apparences sont parfois trompeuses : on peut avoir en même temps la peau « basanée » et être Français (plus de 80 000 étrangers acquièrent chaque année la nationalité française ; ce ne sont plus des étrangers, mais des Français d'origine étrangère). De même, les autochtones des départements et des territoires d'Outre-mer (Martiniquais, Réunionnais, Guadeloupéens...), français par la naissance, sont assimilés socialement aux étrangers lorsqu'ils « immigrent » vers la Métropole. La réalité socio-économique masque parfois la réalité juridique.

L'immigration est d'autant plus délicate à saisir que les confusions de mots sont fréquentes en la matière. Derrière l'« étranger », terme générique désignant tous ceux qui n'ont pas la nationalité française, peut se cacher le touriste, le réfugié politique, le travailleur frontalier ou bien encore l'immigré durablement installé en France pour y travailler. L'immigré peut être donc étranger, mais aussi français (quand il se fait naturaliser et devient alors un Français d'origine étrangère) : c'est une personne née hors de France et venue s'y installer, généralement pour des raisons économiques. On trouve dans cette catégorie les travailleurs étrangers résidents, les travailleurs saisonniers et les étudiants. Sont donc exclus les travailleurs frontaliers parce qu'ils n'habitent pas en France. Enfin, l'étranger peut ne pas être immigré, il peut être né en France (cas des enfants nés de parents étrangers). Les notions d'immigré et d'étranger ne se recoupent donc pas.

Du point de vue du pays de départ, on qualifie d'émigré la personne qui s'expatrie. Par exemple, l'Espagnol qui quitte sa terre pour l'Hexagone est considéré comme un immigré en France et un émigré en Espagne. Le mot émigré désignait, lors de son apparition en 1791, les personnes qui fuyaient la France et sa Révolution.

Le terme migrant, plus général, qualifie la personne qui se déplace d'un lieu à un autre. Les organisations internationales l'utilisent volontiers car il est plus neutre.

Ce qui n'est pas le cas du mot « immigré ». Dans les années 70, on parlait de « travailleurs immigrés », dans la première moitié des années 80, on évoquait les « ouvriers, les OS ou les grévistes immigrés », enfin, de nos jours, on accole au mot immigré « chômage » ou « délinquance ». Ces associations d'idées montrent combien l'immigration est un terrain miné.

Mais l'immigration n'est pas seulement une affaire de mots. Sa comptabilisation pose aussi des problèmes. Combien d'étrangers vivent en France ? Quelles sont les communautés les plus nombreuses ? Les réponses varient d'une source à l'autre : INSEE (Institut national de la statistique et des études économiques), INED (Institut national des études démographiques) ou ministère de l'Intérieur.

Les enquêteurs de l'INSEE, par exemple, ne vérifient pas les papiers de ceux qui se prétendent Français ou étrangers. Pour des raisons diverses, les sondés peuvent tricher, par crainte ou méconnaissance de l'objet du recensement. Les chiffres de l'INSEE ne sont donc pas fiables à 100 %.

De même, le ministère de l'Intérieur comptabilise toujours plus d'étrangers (régulièrement installés en France) que n'en compte le pays. En effet, de nombreux immigrés, quittant la France, omettent ou refusent de remettre leur titre de séjour avant leur départ définitif, de peur de ne pouvoir revenir un jour. De plus, le ministère de l'Intérieur ne raye pas toujours de ses fichiers une partie des étrangers devenus français automatiquement à l'âge de 18 ans grâce au droit du sol. Ces deux éléments, additionnés, gonflent le nombre des immigrés de plusieurs milliers dans les registres de ce ministère.

Les statistiques des naturalisations (acquisition de la nationalité française par les étrangers), sont faussées aussi concernant les Algériens. En effet, il apparaît qu'ils sont moins nombreux à demander la nationalité française que les autres ressortissants immigrés. Or, en réalité, un grand nombre de jeunes Algériens nés en France, et dont l'un des parents au moins est né sur le territoire français, n'entrent pas dans le bilan des naturalisations parce qu'ils bénéficient automatiquement de la nationalité française.

L'usage des statistiques est donc délicat. Dans cet ouvrage, les chiffres les plus fréquemment utilisés sont tirés des études de l'INSEE (notamment du recensement de 1990). Les études du ministère de l'Intérieur ainsi que celles de la Direction de la population et des migrations (sous la tutelle des ministères des Affaires sociales et du Travail) ou de l'Office des migrations internationales (OMI), constituent également des sources d'informations importantes.

À la double difficulté de la définition et de l'évaluation du nombre des immigrés, s'ajoute celle de la conception française de l'égalité et de la laïcité qui rend difficile une présentation fidèle de l'immigration en France. Ainsi, noter la religion ou l'ethnie d'une personne sur des registres officiels est considéré comme un acte discriminatoire. Le code 99 par exemple, qui figure dans le numéro des assurés sociaux, mentionne bien la naissance hors de France mais il n'est d'aucun secours puisque les Français nés à l'étranger en sont aussi gratifiés. Inversement, le numéro des étrangers nés en France comporte le code du département où ils ont vu le jour.

Ainsi, beaucoup de fichiers administratifs français ne mentionnent pas la nationalité ou la religion et la Commission nationale de l'informatique et des libertés (CNIL) veille sur cette singularité hexagonale où l'on prône l'égalité de traitement administratif entre Français et étrangers. En revanche, dans certains pays européens, les administrations mentionnent l'*ethnic origin*. La Suède, vieil État-nation européen, défend et respecte la culture d'origine des communautés immigrées ; au Royaume-Uni, on observe depuis les années 50-60 l'émergence de minorités ethniques bien structurées. Dans ces deux pays, la volonté de respecter les différences a entraîné la constitution de quartiers ethniquement homogènes. Malgré l'intention de renforcer l'intégration des immigrés dans la société d'accueil, les politiques de ces pays risquent d'avoir un effet pervers : l'exclusion des immigrés par l'institutionnalisation de leurs différences, donc de leur marginalité.

Le particularisme français est intimement lié aux valeurs nationales héritées de la Révolution de 1789. Cette caractéristique est fondamentale pour comprendre les ressorts de la politique française de l'immigration. En refusant de comparer les êtres sur des critères religieux, moraux ou ethnique, la politique française favorise l'assimilation. L'assimilation ayant pris une connotation subjective (abandon de ses racines), le mot insertion est apparu durant les années 80 au nom du « droit à la différence » (l'insertion suppose qu'on ne se dépouille pas de son ancienne identité). Mais le mot intégration lui a succédé. Certains hommes politiques de droite et de gauche, en imposant le mot intégration, ont imposé en même temps l'idée de l'installation définitive des immigrés en France. La création d'un secrétariat d'État à l'Intégration (1990-1992) a consacré le dogme laïc du « droit à l'indifférence ».

Chapitre 1

LA FRANCE, TERRE D'IMMIGRATION

*Si l'immigration est devenue un thème
d'actualité majeur en cette fin de XXe siècle,
elle n'est pas nouvelle. Cela fait plus de 150 ans déjà
que la France accueille sur son territoire
des étrangers venus de tous horizons.
Qui sont les immigrés d'hier et d'aujourd'hui ?
Pourquoi s'installent-ils en France ? Dans quelles
conditions peuvent-ils séjourner sur le territoire ?
La réponse à ces questions est l'une des clés pour
dépassionner le débat sur l'immigration.*

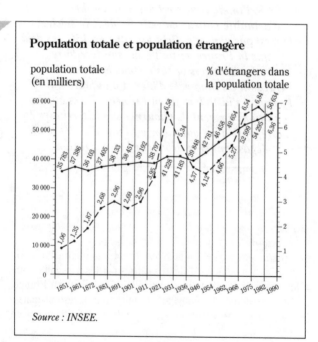

Population totale et population étrangère

population totale
(en milliers)

% d'étrangers dans
la population totale

Source : INSEE.

Accueillis à bras ouverts, incités à repartir dans leur pays puis à nouveau «invités» pour finalement ne plus être les bienvenus en France, les étrangers ont subi, au fil des époques, divers sorts. Malgré ces politiques «à court terme», intimement liées aux conjonctures économique et démographique, plus de 4 millions de personnes se sont, peu à peu, intégrées à la population française en moins de deux siècles.

Du passage à l'installation (avant 1900)

La nature de l'immigration en France change fondamentalement aux alentours de 1850. S'il s'agissait avant cette date d'une immigration de passage, elle se transforme par la suite en immigration d'installation.

Jusqu'au XVIIIe siècle, des voyageurs, touristes ou artistes, s'attardent plusieurs années ou restent parfois même toute une vie. Peu nombreux par rapport à la population française, les historiens ne les évoquent guère. Ce n'est réellement qu'à partir du XVIIIe siècle que l'immigration prend de l'ampleur.

Terre d'asile par tradition, la France accueille des réfugiés politiques de tous pays. La révolution de 1787 en Hollande, par exemple, entraîne le départ d'environ 40 000 personnes et l'installation d'une partie de ces exilés dans le nord de la France.

La période révolutionnaire française attire également quelques milliers d'Européens, enthousiasmés par ces événements historiques. La France les accueille à bras ouverts : il n'y a pas de frontière pour les amis de la liberté.

Enfin, des artistes, séduits par le rayonnement culturel de Paris, et des hommes d'affaires, attirés par les possibilités que leur offre la Révolution industrielle, s'installent en France. Mais ces différents mouvements migratoires restent marginaux car très peu d'étrangers s'installent définitivement en France.

Le milieu du XIXe siècle (1850) marque un véritable tournant dans l'histoire de l'immigration. Deux grands changements modifient, en effet, le phénomène migratoire amorcé précédemment : autrefois de faible importance, les arrivées d'étrangers s'accentuent et l'immigration tend à devenir permanente, les étrangers s'installant définitivement sur le sol français.

L'apparition de la comptabilisation des étrangers dans les recensements témoigne de l'importance nouvelle de la population étrangère. En 1851, il est fait état de 381 000 étrangers pour une population totale de 35,7 millions de Français (soit 1,06 %) ; en 1881, le million et demi est dépassé (2,68 %). Cette première vague de migrants concerne principalement les États aux frontières de la France (Belgique, Italie, Allemagne, Suisse et Espagne).

La deuxième Révolution industrielle (qui nécessite une main-d'œuvre importante) et la baisse inquiétante du taux de natalité expliquent l'accueil sans restriction par la France de centaines de milliers de migrants. De leur côté, ces derniers s'exilent en raison du manque de travail dans leur pays d'origine et choisissent souvent de « faire leur vie » en France.

Si les entreprises françaises voient d'un bon œil l'arrivée de travailleurs acceptant des conditions de travail plus difficiles que les nationaux, ces derniers, en revanche, commencent à se plaindre de la concurrence déloyale des étrangers accusés de briser les mouvements revendicatifs sociaux. Ainsi, même s'il y a assez de travail pour tout le monde, le mécontentement populaire grandit, incitant certains politiciens à réclamer une loi protégeant les travailleurs nationaux. Le décret Millerand (alors ministre du Commerce et de l'industrie) du 10 août 1899 leur donne partiellement satisfaction. Désormais, on ne pourra faire appel qu'à un contingent limité d'étrangers (5 % à 30 % des effectifs) dans les marchés de travaux publics passés par l'État. Il s'agit de la première tentative pour réglementer l'activité économique des étrangers.

Quand l'État et les patrons s'en mêlent (1900-1930)

Le début du XXe siècle marque un second tournant dans l'histoire de l'immigration. Si les premiers flux migratoires du XIXe siècle se sont effectués spontanément – résultant d'une somme de décisions individuelles – l'immigration du XXe siècle sera au contraire organisée de façon collective. Ou du moins aura-t-elle cette ambition.

Afin de ne pas laisser aux mains du hasard l'arrivée de travailleurs dont la France a grand besoin à la veille du premier conflit mondial, l'État met au point une réglementation permettant de contrôler les flux migratoires. Celle-ci se déroule en deux temps : jusqu'à la fin de la Première Guerre mondiale, les pouvoirs publics s'occupent directement du recrutement de la main-d'œuvre étrangère en signant des accords avec les pays d'émigration choisis ; puis, à partir des années 20, le patronat prend le relais.

Dès 1907, l'État crée trois organismes habilités à gérer les flux migratoires : l'Office central de placement, le Syndicat français de la main-d'œuvre agricole et le Comité d'étude et de contrôle de la main-d'œuvre étrangère. L'État fait ainsi venir officiellement des étrangers destinés à être employés dans les secteurs primaire (agriculture) et secondaire (industrie). Dans ce but, des conventions bilatérales sont signées avec plusieurs pays voisins dont les plus importantes concernent l'Italie et l'Espagne. Dès 1911, la France compte plus d'un million d'étrangers pour une population totale de 39 millions de personnes (soit 2,96 %).

Pendant la Première Guerre mondiale, les étrangers (avec les femmes françaises) assurent le fonctionnement des usines d'armement. Après la fin du conflit, le besoin de travailleurs étrangers est si important – d'autant plus que cinq années de guerre ont aggravé le déficit démographique français d'environ 1,5 million d'individus – que le patronat décide, pour accélérer le mouvement, de participer activement au contrôle de l'immigration.

Dès janvier 1919, le Comité central des houillères ainsi que le Comité des forges et des mines de l'Est s'accordent ainsi avec le gouvernement italien pour faire venir des travailleurs puis, en août, négocient avec la Pologne.

En 1924, le patronat crée la Société générale d'immigration. Cette dernière passe des accords avec les pays d'émigration et gère des camps de transit dans les pays de départ. Le processus est ainsi contrôlé du début à la fin. Du moins veut-on le croire puisque la réalité est bien différente : en effet, 65 % des travailleurs étrangers continuent d'arriver en France en dehors des circuits organisés. Mais le besoin de main-d'œuvre est tel que, loin d'être refoulés, ces étrangers voient leur situation régularisée dès leur arrivée sur le territoire avec l'octroi systématique de titres de séjour et de travail.

Parallèlement, la France accueille plusieurs milliers de réfugiés politiques : les Arméniens, les Italiens anti-fascistes, les Allemands anti-nazis, les Républicains espagnols et les Russes blancs (anti-révolutionnaires).

Cette période d'ouverture des frontières sans restriction fut toutefois de courte durée.

Flux et reflux de l'immigration (1930-1974)

La crise des années 30 pousse, en effet, le Parlement à adopter des lois restrictives envers les travailleurs immigrés : la loi d'août 1932 permet au gouvernement de fixer des quotas de travailleurs étrangers dans les entreprises, celle d'avril 1933 limite l'exercice de la médecine aux seuls Français et celle de juin 1934 protège les avocats. En 1935, le gouvernement cesse la délivrance des cartes de travail aux nouveaux migrants (décret du 6 février), ce qui se traduit dans les faits par l'arrêt de l'immigration officielle. En marge, les arrivées massives de réfugiés politiques (Arméniens, Juifs de l'Est) compensent un peu, dans l'industrie, le manque de main-d'œuvre, provoqué par la politique des quotas.

À la veille du second conflit mondial, les pouvoirs publics durcissent encore le ton en invitant les étrangers à rentrer dans leur pays à l'aide de diverses incitations dont la distribution de bons de rapatriement. De gré ou de force – des expulsions sont menées parallèlement aux incitations au départ – les étrangers quittent le territoire. En 1936, la France compte 500 000 étrangers de moins qu'en 1931.

Bien que nombre d'immigrés participent au grand mouvement revendicatif sous le Front populaire, la Confédération générale des travailleurs (CGT) considère elle-même, que la fraternité entre travailleurs nationaux doit primer sur la fraternité ouvrière. Des associations d'aide aux immigrés s'organisent pour lutter contre les mesures discriminatoires.

La guerre de 1939-1945 voit, comme cela a été le cas pendant le premier conflit mondial, cesser le flux migratoire. Mais pour les étrangers en place, les temps sont durs. À peine installé, le régime de Vichy prend une mesure sans précédent : dès le 22 juillet 1940, une commission est créée pour réviser les naturalisations accordées sous le Front populaire. Résultat : 15 000 annulations sont effectuées. De plus, le gouvernement interdit l'accès à la fonction publique aux Français de père étranger. Pendant le conflit, les étrangers sont les premiers à être déportés en camp de travail. De même, les juifs étrangers sont livrés en priorité aux Allemands, avant les juifs français.

Refoulés dans leur pays d'origine avant le conflit, les étrangers sont, en 1945, à nouveau les bienvenus en France. Le délabrement économique de l'immédiat après-guerre a provoqué une prise de conscience : la France a besoin des immigrés pour la reconstruction. Cette conviction est partagée aussi bien par les utilitaristes que par les démographes. Les premiers ont une vision purement économique (la main-d'œuvre étrangère, nécessité économique, doit pouvoir repartir selon la conjoncture) tandis que les seconds sont animés par une vision à plus long terme (les étrangers fournissent un apport de population nécessaire à une France atteinte par la dénatalité).

Les pouvoirs publics décident donc, et pour la première fois, d'étudier la question de l'immigration dans sa globalité, c'est-à-dire sous le double aspect économique et démographique. Pour mettre en œuvre une nouvelle politique, un Office national d'immigration (ONI, devenu en 1988 OMI, Office des migrations internationales) est créé. Il a un double rôle. Il attire les travailleurs étrangers (en signant, comme cela s'est déjà fait au début du siècle, des conventions avec certains pays : l'Italie, l'Espagne et le Portugal fourniront la majorité des travailleurs). En outre, le gouvernement favorise le regroupement familial pour lutter contre la chute du taux de natalité.

Le décret du 24 décembre 1945 autorise ainsi les travailleurs installés sur le territoire français à faire venir auprès d'eux leur conjoint et leurs enfants mineurs. Un million de personnes sont entrées en France au titre du regroupement familial entre 1946 et 1974.

L'année 1974 marque un nouveau reflux de l'immigration en France et dans le reste de l'Europe. La décision d'arrêter l'entrée des travailleurs étrangers intervient pratiquement au même moment en Allemagne (novembre 1973), en France (juillet 1974) et en Belgique (août 1974). Pour justifier cette mesure, on invoque la crise économique qui limite l'offre de travail. L'arrêt officiel de l'immigration apparaît, dans ce contexte, comme une décision rationnelle et les autorités espèrent que le flux migratoire va se tarir.

La réalité se révèle plus complexe. Si les entrées de travailleurs permanents deviennent effectivement moins importantes, les membres de famille (entrés au titre du regroupement familial) continuent de grossir les rangs de la population étrangère. Pour la première fois, les travailleurs ne sont pas les plus nombreux à entrer en France. Avec un total de 460 000 entrées entre 1974 et 1991, l'immigration de travailleurs est distancée par l'immigration familiale qui comptabilise 713 000 entrées sur la même période. L'immigration ne s'arrête donc pas, elle change de nature.

PHOTOGRAPHIE
DE L'IMMIGRATION
AUJOURD'HUI

À l'heure où plusieurs nations s'interrogent sur l'unification européenne et la cohabitation de populations de culture et d'histoire différente, l'immigration en France peut représenter un exemple réussi du brassage de ces peuples. Majoritairement européen pendant plus d'un siècle et demi, le flux migratoire provient aujourd'hui de pays plus lointains géographiquement et culturellement.

Querelles de chiffres

Le nombre d'étrangers vivant sur le sol français fait souvent l'objet de querelles sur la scène politique. Sur cet élément quantitatif se fondent phantasmes et angoisses, ceux de l'« invasion », de l'éclatement de l'« identité nationale ». L'INSEE comptait lors du dernier recensement de 1990, un total de 4,2 millions d'immigrés, dont 1,3 million de Français (ce sont les personnes d'origine étrangère) et 2,9 millions d'étrangers. Si l'on ajoute à ces derniers les étrangers nés en France (0,7 million), on obtient un total de 3,6 millions d'étrangers (soit un peu plus de 6% de la population totale), contre 3,4 millions en 1974, année de l'arrêt officiel de l'immigration. Cette stabilité ne doit cependant pas occulter certains mouvements.

Le nombre de naturalisations est en constante progression depuis 1974. La fermeture des frontières a, en effet, accéléré la décision de certains immigrés à devenir français : en vingt ans (de 1975 à 1993), presque un million d'entre eux ont acquis la nationalité française alors qu'ils avaient été un million à le faire en l'espace de trente ans (de 1946 à 1974).

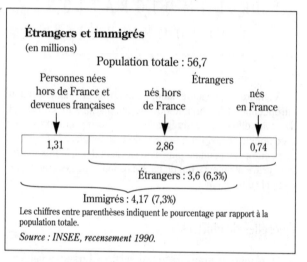

Étrangers et immigrés
(en millions)

Population totale : 56,7

Personnes nées hors de France et devenues françaises	Étrangers nés hors de France	Étrangers nés en France
1,31	2,86	0,74

Étrangers : 3,6 (6,3%)

Immigrés : 4,17 (7,3%)

Les chiffres entre parenthèses indiquent le pourcentage par rapport à la population totale.

Source : INSEE, recensement 1990.

En dépit de la stabilité du nombre d'étrangers présents sur le territoire, l'idée d'une immigration en constante augmentation alimente parfois certains débats publics. Trois éléments peuvent expliquer cette impression.

Le premier est le contexte de crise économique qui engendre, en France comme dans les pays voisins d'ailleurs, un sentiment de rejet à l'encontre des étrangers, devenus à cette occasion des «boucs émissaires».

Le second est la modification de l'équilibre des nationalités représentées au sein de la communauté étrangère. Autrefois majoritairement européenne, la population étrangère est, depuis la fin des années 70, surtout originaire de pays lointains comme les nations asiatiques ou africaines. Le fait que cette population soit plus «visible» en raison de différences physiques explique le sentiment d'une plus grande population étrangère.

Le troisième élément enfin, est le changement d'attitude des étrangers qui, depuis une vingtaine d'années, sont de plus en plus nombreux à acquérir la nationalité française. Conséquence directe de l'arrêt de l'immigration de travail en 1974, de nombreux étrangers ont choisi de s'installer définitivement en France par crainte de ne plus pouvoir revenir sur le sol français après un retour dans leur pays. Cette progression des naturalisations (50 000 par an en moyenne de 1975 à 1993, à la place de 40 000 entre 1946 et 1974) explique la stabilisation des effectifs étrangers dans les statistiques alors même que la population «d'origine étrangère» est en augmentation. L'opinion publique, qui ne fait pas toujours la différence entre les étrangers et ceux qui ne le sont plus grâce à leur naturalisation, a, de ce fait, l'impression que les premiers sont de plus en plus nombreux. Mais bien entendu, sur le plan juridique, aucune distinction n'est faite entre les Français «de souche» et les Français naturalisés.

Les étrangers devenus français

	Nombre de naturalisations (entre 1946 et 1990)	% par rapport à l'ensemble des naturalisations
Italiens	498 773	26,2
Espagnols	354 874	18,6
Polonais	204 907	10,7
Portugais	139 125	7,3
Marocains	67 832	3,5
Tunisiens	60 772	3,1
Algériens *	44 090	2,3
Asiatiques	43 830	2,3
TOTAL	1 969 922	100

* : La faible importance des naturalisations des Algériens s'explique par le fait que la plupart des ressortissants de ce pays obtiennent auomatiquement la nationalité française et n'entrent pas dans ces statistiques.

Source : INSEE.

D'Europe, d'Afrique et d'Asie

L'immigration en France a été, dans son ensemble, très majoritairement européenne. Les nationalités d'autres continents n'ont fait leur apparition qu'après le premier conflit mondial. À la fin des années 70 seulement, les immigrés originaires d'Afrique et d'Asie dépassent en nombre les ressortissants européens. L'importance de ces derniers sur le territoire diminue, au milieu du XXe siècle, pour des raisons principalement économiques : le développement (plus ou moins rapide) de leur pays d'origine ne les contraint plus à l'exil pour chercher du travail. Les entrées en France régressent donc de façon significative tandis que les retours sont nombreux. De plus, beaucoup de ceux qui restent choisissent de devenir français, disparaissant des statistiques sur le nombre d'étrangers.

À l'inverse, les graves difficultés économiques mais aussi politiques de certains pays africains ou asiatiques incitent leurs ressortissants à émigrer vers des horizons qu'ils imaginent meilleurs. Les liens historiques étroits (issus de la colonisation) de certains pays avec la France expliquent que le choix de beaucoup de ces étrangers se porte sur l'Hexagone. Ces derniers sont d'autant mieux accueillis qu'ils représentent un palliatif à la désaffection de la main-d'œuvre européenne.

L'immigration européenne a donc été dominante pendant plus d'un siècle. Proches géographiquement, souvent plus peuplés que la France et devant faire face dès le XIXe siècle à un problème de manque d'emplois, les pays voisins ont fourni la main-d'œuvre nécessaire au développement de l'agriculture puis, plus tard, de l'industrie.

Les Belges ont été les premiers à venir s'installer en masse sur le territoire français. En 1851, ils sont 128 000, soit un tiers de la population étrangère, et moins de dix ans plus tard, un étranger sur deux est belge. Installés principalement dans les départements frontaliers du nord, ils travaillent surtout dans le secteur agricole. Beaucoup grimpent peu à peu les échelons pour devenir propriétaires exploitants. Cette ascension sociale accélère leur intégration et nombre d'entre eux se font naturaliser après la Deuxième Guerre mondiale, faisant chuter peu à peu la représentation de cette nationalité parmi la population étrangère.

Les Italiens sont la deuxième grande communauté à choisir, dès 1850, la France comme terre d'émigration. Ils représentent le phénomène migratoire le plus important de l'histoire française de l'immigration. Pendant plus de 60 ans (1900-1962), les transalpins resteront la première communauté étrangère vivant en France (jusqu'à 808 000 personnes recensées en 1931, niveau jamais égalé par une autre communauté). Pour des raisons le plus souvent économiques, auxquelles peuvent, périodiquement, se greffer des mobiles politiques (fuir l'Italie de Mussolini par exemple), les Italiens viennent s'installer en France pour accéder principalement aux emplois offerts par les secteurs de l'agriculture, des mines, de la sidérurgie et du bâtiment. Là encore, les naturalisations vont bon train à l'intérieur d'une communauté qui a fortement marqué la formation de la population française : on estime aujourd'hui que 5 millions de Français ont une ascendance italienne. Si les flux ont fortement diminué (depuis 1965), les Italiens sont encore aujourd'hui plus de 250 000 sur le territoire français et représentent la cinquième plus importante communauté étrangère.

L'immigration espagnole, importante à partir du premier conflit mondial, a commencé, elle aussi, dès le XIXe siècle. En 60 ans, de 1851 à 1911, le nombre d'Espagnols présents en France est multiplié par trois. Il atteint son niveau record dans les années 1955-1970 lorsque les Espagnols, fuyant le franquisme, sont alors la deuxième communauté étrangère de France (607 000 personnes recensées en 1968). Employée dans l'agriculture ou le bâtiment, cette dernière s'installe majoritairement en Languedoc et en Aquitaine. S'intégrant facilement à une population locale proche de leur culture, les Espagnols sont toutefois nombreux à repartir dans leur pays en

1975, à la mort de Franco, et ne représentent plus aujourd'hui que la septième communauté étrangère (216 000 personnes recensées en 1990).

Le flux migratoire polonais, qui débute au début des années 20, est l'exemple type d'une immigration organisée. À la demande des autorités françaises (conventions bilatérales avec la Pologne), plus de 500 000 personnes émigrent dans l'Hexagone en l'espace de dix ans (508 000 personnes recensées en 1931). Propulsés pendant trente ans à la deuxième place des communautés étrangères de France (1925-1955), les Polonais sont principalement employés dans l'agriculture et les mines (48 % des étrangers employés dans les industries extractives en 1931 sont polonais). La création d'un régime de démocratie populaire en Pologne incite cependant la majorité d'entre eux à rentrer dans leur pays à partir des années 50 et depuis 1975, moins de 100 000 Polonais sont installés en France.

Les Portugais enfin, peu nombreux jusqu'en 1960, ont fait un bond dans la courbe de la présence étrangère en France puisqu'ils sont aujourd'hui la première communauté avec un total de 645 000 ressortissants (recensement de 1990). À l'image des Polonais, l'immigration portugaise, se fait, en partie, par le biais de conventions bilatérales entre les autorités des deux pays. Employés dans les secteurs de l'agriculture et du bâtiment, les Portugais se retrouvent souvent au bas de l'échelle sociale car la majorité n'a aucune qualification professionnelle.

Le deuxième conflit mondial marque le début du changement de la répartition des nationalités, la période des Trente glorieuses profitant, de façon plus ou moins importante, à toute l'Europe. Seul le Portugal, toujours confronté à des problèmes d'emploi, continue à fournir de la main-d'œuvre à la France. La main-d'œuvre européenne est remplacée par des travailleurs maghrébins, notamment algériens, qui arrivent en force dès les années 50. Le «réservoir» des pays colonisés est immense : peu à peu, Africains et Asiatiques se substituent aux Européens.

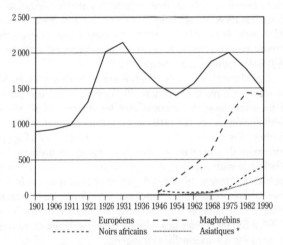

Des immigrés venant de plus en plus loin
(en milliers)

Légende :
— Européens
– – – Maghrébins
········ Noirs africains
·········· Asiatiques *

* : Les Turcs sont comptés dans cette catégorie.
Ce graphique ne fait apparaître l'arrivée des ressortissants africains qu'à partir de 1946. En réalité, à cette date, des res-sortissants africains sont déjà présents en France (38 000 en 1921, 72 000 en 1926, 105 000 en 1931 et 87 000 en 1936), mais l'INSEE ne distingue pas encore les Noirs africains des Maghrébins.

Source : INSEE, recensements.

Peu importante au début du XXe siècle, l'émigration algérienne vers le territoire français s'est, en effet, effectuée à grande échelle à partir de la fin de la Deuxième Guerre mondiale pour atteindre son plus haut niveau au début des années 80 (805 000 personnes recensées en 1982).

L'Algérie est un cas atypique dans l'histoire de l'immigration car ses ressortissants ont le statut de citoyens français de 1947 à 1962 (année de l'indépendance de ce pays). Jouissant donc, pendant cette période, de la libre circulation sur le territoire, ils n'apparaissent pas dans les statistiques recensant les arrivées des étrangers. De même, de 1962 à 1968, les Algériens bénéficient de la libre circulation entre les deux pays. Jusqu'en 1968, les statistiques ne mentionnent donc pas les Algériens. Aujourd'hui au deuxième rang des communautés étrangères en France, la présence algérienne est estimée à 620 000 personnes (recensement 1990).

Les Marocains n'ont commencé à venir en France en grand nombre, qu'à partir des années 60. Souhaitée au départ par la France qui passe des accords avec les autorités marocaines, l'émigration de ces ressortissants nord-africains déborde rapidement les circuits officiels de recrutement. Mais l'appel important de main-d'œuvre dans les secteurs du bâtiment, de l'industrie automobile et de l'agriculture pousse les pouvoirs publics à octroyer des titres de séjour et de travail aux Marocains entrés «clandestinement» sur le territoire. En constante progression, la présence marocaine en France est estimée en 1990, à 585 000 personnes, plaçant cette communauté au troisième rang des nationalités étrangères.

Dans une proportion moindre, l'immigration tunisienne s'effectue principalement dans les années 70. Depuis 1985 leur présence stagne à 200 000 personnes environ. Bénéficiant souvent d'une qualification professionnelle supérieure à celle de leurs homologues marocains ou algériens, les immigrés tunisiens travaillent surtout dans le bâtiment, l'industrie de transformation ou le commerce.

Nouveaux venus dans la communauté étrangère française, les ressortissants des pays asiatiques (en particulier la Chine, le Laos, le Viêtnam, le Cambodge) sont passés de 45 000 personnes en 1968 à 417 000 en 1990. Entrés en France, la plupart du temps, pour des motifs politiques, ils ont souvent une qualification professionnelle importante, leur permettant d'avoir accès à tous les secteurs de l'économie.

Derniers arrivés sur le territoire, les ressortissants des pays d'Afrique noire (Mali, Mauritanie, Sénégal, Côte-d'Ivoire et Cameroun), émigrent vers la France à partir des années 70 pour des raisons économiques ou politiques. Avec la présence de plus de 240 000 personnes en 1990, la communauté noire africaine devance, en nombre de ressortissants, les Espagnols et les Tunisiens. Bénéficiant, dans certaines situations (notamment pour l'obtention des titres de séjour), de régimes avantageux (en raison du statut d'ancienne colonie), les Africains travaillent majoritairement dans le bâtiment ou les services.

Des statuts variés

En France, les conditions légales de séjour des étrangers ont fluctué au fil du temps, selon les besoins plus ou moins importants de main-d'œuvre. Si les entrées clandestines ont été régularisées sans difficulté à une époque où la France avait grand besoin de travailleurs, il n'en est plus de même en cette fin de siècle. Aujourd'hui, pour être en règle sur le territoire, les étrangers doivent se prévaloir de l'un de ces trois statuts : travailleur, membre de famille ou réfugié politique.

Bien que l'immigration ait officiellement été stoppée pour les travailleurs permanents, des salariés étrangers continuent d'entrer chaque année sur le territoire français. Au nombre de 25 607 en 1991, ils représentent toutefois des proportions beaucoup moins importantes qu'avant 1974. Les années 60 avaient battu des records en enregistrant, par exemple, l'entrée de 153 700 travailleurs en 1964 ou encore de 174 000 en 1970. La fermeture des frontières a donc fait chuter de façon vertigineuse l'entrée de salariés permanents en France, la moyenne annuelle étant passée de 90 455 pendant les Trente glorieuses à 23 275 entre 1975 et 1991, soit environ quatre fois moins.

Même faible, l'immigration de travailleurs continue donc. Pour ce faire, les pouvoirs publics délivrent chaque année des dérogations à certaines entreprises justifiant l'obligation de faire appel à des travailleurs étrangers, notamment pour des raisons de qualification professionnelle.

LES TITRES DE SÉJOUR
DES ÉTRANGERS

Les étrangers âgés de plus de 18 ans (16 ans si l'étranger compte exercer une activité professionnelle) et séjournant en France au-delà de trois mois doivent obligatoirement être titulaires d'un titre de séjour représenté soit par la carte de séjour temporaire, soit par la carte de résident. Ce document administratif apporte la preuve de la régularité du séjour de l'étranger sur le territoire. Sans ce titre, il est considéré comme clandestin.

La carte de séjour temporaire est nécessaire à tous les étrangers de passage présents sur le territoire plus de trois mois et moins d'un an. Renouvelable plusieurs années de suite, cette carte vaut également titre de travail lorsque la mention «salarié» y est apposée. Une carte de travail distincte est toutefois nécessaire aux étrangers non salariés, aux saisonniers ou à ceux bénéficiant d'une autorisation provisoire de travail.

La carte de résident (les étrangers sont 80% à la posséder), est valable dix ans. Renouvelable de plein droit, ce titre unique de séjour et de travail confère à son détenteur le droit d'exercer sur le territoire la profession de son choix. Délivrée de plein droit à certaines catégories d'étrangers (par exemple, au conjoint étranger d'un ressortissant français, aux étrangers installés régulièrement en France depuis plus de dix ans), elle est accordée sous certaines conditions aux étrangers résidant régulièrement en France depuis au moins trois ans et n'est pas obligatoire pour les ressortissants de la Communauté européenne.

Le regroupement familial est l'une des principales causes du maintien d'un flux migratoire important vers la France. En 1991 – comme cela a été le cas chaque année depuis 1974 – les entrées d'étrangers au titre du regroupement familial (35 625) sont plus importantes que celles des travailleurs permanents (25 607).

Le droit de mener une vie familiale normale a, de tous temps, été l'une des principales revendications des étrangers. Le principe d'une immigration familiale distincte d'une immigration de main-d'œuvre, mais dont elle est strictement dépendante, a donc été admis dans le décret du 24 décembre 1945. Depuis cette date, les étrangers en France ont le droit de faire venir près d'eux, leur conjoint et leurs enfants mineurs, sous certaines conditions. Ces dernières se résument en cinq points : le demandeur doit prouver qu'il réside en France de façon régulière depuis au moins un an, qu'il dispose de ressources stables et suffisantes, que ses conditions de logement sont adaptées à une vie familiale, que la présence en France d'un membre de sa famille ne constituera pas une menace pour l'ordre public et enfin que les membres de famille attendus ont passé le contrôle médical assuré par l'Office des migrations internationales (OMI) dans le pays de départ.

Afin de maîtriser cette immigration croissante des familles, les autorités françaises ont, en 1984, interdit la régularisation *a posteriori* des membres de famille. Le bénéfice du regroupement familial est donc subordonné à une décision préalable à l'entrée en France des membres de famille. Les demandes doivent obligatoirement être déposées et instruites alors que les familles demeurent encore dans le pays d'origine.

Depuis 1946, 1 700 000 personnes ont bénéficié de ce statut. Certaines communautés en profitent plus que d'autres, montrant leur intention de s'installer pour une longue période sur le territoire français, sinon pour toujours. Les immigrés portugais, par exemple, ont été les plus nombreux à faire venir en France des membres de leur famille (25 % des entrées globales depuis 1946 alors que leur venue est relativement récente) suivis des Marocains (16 %), des Espagnols (15 %) et des Italiens (11 %). Ce faible recours au regroupement familial de la part de cette dernière communauté s'explique par le fait que les Italiens ont très tôt opté pour des naturalisations massives, permettant ainsi aux conjoints, encore au pays d'origine, de devenir français et donc de venir librement sur le territoire.

Mais le motif qui entraîne le plus grand nombre d'entrées d'étrangers est, depuis 1987, la demande d'asile : plus de 55 000 en 1991. «Toute personne qui, craignant avec raison d'être persécutée du fait de sa race, de sa religion, de sa nationalité, de son appartenance à un certain groupe social ou de ses opinions politiques, se trouve hors du pays dont elle a la nationalité et qui ne peut ou ne veut, du fait de cette crainte, se réclamer de la protection de ce pays» : telle est la définition du réfugié formulée par la Convention de Genève de 1951. Le statut de réfugié est donc lié à contexte politique et ne peut, en aucun cas, être demandé pour motifs économiques.

La France, par tradition, a toujours accueilli sur son territoire des réfugiés politiques. Le pays a d'ailleurs inscrit le droit d'asile dans la loi constitutionnelle bien avant de ratifier la Convention de Genève. Des populations fuyant les dictatures d'Amérique latine, d'Asie ou d'Afrique ont souvent trouvé refuge dans une France qui accueille, à l'aube du XXIe siècle le quart des réfugiés (200 000 personnes) vivant en Europe.

Le nombre de demandeurs d'asile – originaires essentiellement de pays asiatiques et africains – est en nette augmentation ces dernières années (il a doublé entre 1981 et 1991). Pourtant la France n'accorde pas le statut de réfugié plus facilement aujourd'hui qu'il y a dix ans. Le nombre de réfugiés se stabilise en effet, depuis le début de la décennie 80, à environ 9 000 par an. Le taux de rejet des demandes est donc en progression : 79 % en 1991 contre 61 % en 1986. Si le statut de réfugié est refusé à de plus en plus de monde, c'est que de nombreux étrangers utilisent la demande d'asile pour des raisons plus économiques que politiques. Afin de décourager ces pratiques abusives, les autorités françaises ont, en 1992, supprimé aux demandeurs d'asile la possibilité d'exercer une activité profes-sionnelle, autrefois accordée pendant la durée des démarches.

Bien souvent, les déboutés du statut de réfugié ne repar-tent pas dans leur pays d'origine comme la loi le leur impose. Venant grossir les rangs des clandestins sur le territoire, ils se retrouvent confrontés aux difficiles conditions de vie de ceux qui doivent constamment vivre cachés.

Les étrangers en situation irrégulière sur le territoire ne disposent évidemment d'aucun statut légal. Leur évocation est toutefois importante car ils font, eux aussi, partie de la popula-tion étrangère et constituent une préoccupation constante pour les autorités. Travailleurs clandestins, laissés pour compte de l'immigration familiale ou demandeurs d'asile déboutés, les étrangers non autorisés à séjourner sur le terri-toire sont impossibles à chiffrer. Privés de tous droits et, en général, de toute protection sociale, les étrangers clandestins doivent se cacher pour travailler ou se loger.

Dans un but humanitaire mais aussi pour repartir sur des bases plus saines, le gouvernement français a, entre 1981 et 1982, procédé à une opération de régularisation exception-nelle de la situation des clandestins présents sur le territoire. 130 000 personnes, résidant illégalement en France, se sont vues octroyer un titre de séjour. Cette opération a permis aux autorités d'étudier les conditions d'entrée et de séjour de la population clandestine. Pour l'essentiel, il s'agissait de Portu-gais, Maghrébins, Africains du sud du Sahara et Turcs. Jeunes (80% avaient moins de 32 ans) et célibataires (60%), ces tra-vailleurs étaient entrés le plus souvent régulièrement en France, munis d'un visa touristique. Trois autres filières avaient permis l'entrée en France de ces étrangers : le travail saisonnier, les faux papiers et les réseaux organisés (pas-seurs). Les deux tiers de ces sans-papiers avaient été illégale-ment embauchés dans le secteur tertiaire (36%) et le BTP (30%) pour des emplois en général de type ouvrier peu qualifié avec des conditions de travail difficiles et une rémunération le plus souvent inférieure au minimum légal.

Aucune régularisation n'étant plus possible aujourd'hui, les étrangers en situation irrégulière sur le territoire s'exposent à diverses sanctions : ils encourent une amende de 2 000 à 20 000 francs et une peine de prison d'un mois à un an. Outre ces sanctions pénales, l'étranger en situation clandestine peut faire l'objet d'une décision d'expulsion ou de reconduite à la frontière. En 1989, par exemple, 15 415 décisions de ce type ont été prononcées dont 47 % exécutées. Pour des raisons humaines, les autorités ne mettent, en effet, pas toujours à exécution les décisions préfectorales.

Chapitre 2

UNE PLACE
À PART ?

*Les immigrés sont souvent désignés comme
des «cas à part». À en croire certains discours,
ils forment un groupe homogène d'un point de vue
économique et social. Est-ce réellement le cas ?
Les immigrés ont-ils un comportement démographique
différent ? Réagissent-ils de façon spécifique à la crise
économique que traverse le pays ? Ou encore
s'adaptent-ils à la vie sociale ?
En d'autres termes, les étrangers occupent-ils une
place particulière dans la société française ?*

UN COMPORTEMENT
DÉMOGRAPHIQUE
SPÉCIFIQUE ?

Longtemps masquée par l'apport économique, l'importance de l'aspect démographique de l'immigration se révèle aujourd'hui. Un cinquième de la population française a une ascendance étrangère, soit près de onze millions de personnes.

Si le flux migratoire a toujours fait l'objet de nombreuses analyses économiques, peu de chercheurs, en revanche, se sont penchés sur son influence démographique. Et les études menées dans ce domaine n'ont souvent porté que sur le rôle de peuplement de l'immigration. Or les flux migratoires modifient aussi la structure démographique de la population. Conscient de l'importance à accorder à ce deuxième aspect, l'Institut national d'études démographiques (INED) a réalisé, en 1991, une étude portant sur les conséquences « quantitatives » mais aussi « qualitatives » d'un siècle d'immigration (*Cent ans d'immigration. Étrangers d'hier, Français d'aujourd'hui* sous la direction de Michèle Tribalat). Il ressort de cette étude que sans l'immigration, la France compterait aujourd'hui 45 millions d'habitants seulement (à la place des 56 millions actuels) et présenterait une population plus âgée.

De la première à la quatrième génération

L'évaluation du rôle de peuplement de l'immigration est complexe car elle doit s'effectuer sur plusieurs générations. En effet, cet apport ne correspond pas à la seule comptabilisation des étrangers venus s'installer en France. Il concerne aussi leurs enfants (même si les parents gardent leur nationalité, les enfants peuvent acquérir la nationalité française par leur naissance sur le territoire français, grâce au droit du sol).

L'«apport direct» de l'immigration provient des étrangers devenus français après leur naturalisation. Le démographe Alfred Sauvy affirme que les 1 200 000 étrangers naturalisés entre 1872 et 1927 ont contribué à la moitié de l'accroissement de la population française sur la période.

D'après l'étude de l'INED citée plus haut, cet apport direct équivaut aujourd'hui à 4 millions de personnes.

L'«apport indirect», constitué par les descendants des immigrés comprend, toujours d'après cette étude, 7 millions d'individus. Rassemblant quatre générations – les enfants d'immigrés sont la première génération, leurs enfants, la seconde, etc. –, cette descendance est française à 86%. La proportion des enfants français dès la naissance a tendance à s'accroître au fil des années en raison du poids grandissant des générations les plus éloignées (troisième et quatrième) du parent ayant immigré. Car si près des deux tiers des personnes nées en première génération ont une nationalité étrangère à la naissance, les générations suivantes sont françaises à 100%.

Sans ces apports direct et indirect de l'immigration, la France compterait 11 millions d'habitants de moins. La croissance économique, des Révolutions industrielles du siècle dernier au «boum» des Trente glorieuses, n'aurait pas pu se réaliser sans un apport supplémentaire de population.

Plus de jeunes, plus de femmes

Outre son rôle de peuplement, l'immigration a également contribué à modifier la structure démographique de la population française en la rajeunissant.

Si l'immigration n'avait pas existé, la France afficherait aujourd'hui une moyenne d'âge plus élevée (elle est actuellement de 35 ans et demi pour les hommes et de 39 ans pour les femmes). Principales raisons de ce phénomène de rajeunissement : la majorité des étrangers immigrant en France sont jeunes. En outre, le taux de natalité est plus important chez les couples étrangers que dans les familles françaises. L'étude de l'INED démontre, par exemple, que sans l'apport migratoire, le groupe d'âge 0-4 ans compterait 10 % d'enfants en moins par rapport à celui d'aujourd'hui.

Quant à la tranche d'âge 75-79 ans, elle est moins nombreuse de 10 % dans la population étrangère. Au total, le poids des personnes âgées de plus de 65 ans est « allégé » grâce à l'immigration : il aurait été de 14 % contre 13 % aujourd'hui. Ce rôle de frein au vieillissement est particulièrement appréciable à l'heure où le problème du financement des retraites se pose cruellement.

LES ÉTRANGERS ET LE TRAVAIL

Composée à 60 % d'actifs (personnes ayant un emploi et chômeurs déclarés) à la sortie de la guerre, la population étrangère est aujourd'hui majoritairement constituée d'inactifs (55,1 % en 1990). Elle se rapproche ainsi de la situation de la population française qui compte 55,4 % d'inactifs.

Taux d'activité : variables d'une communauté à l'autre

La croissance du regroupement familial au détriment d'une immigration de travail explique principalement le recul de l'activité des étrangers. Les membres de famille (comprenant des enfants en bas âge) entrant sur le territoire sont, en effet, une minorité à exercer une activité professionnelle.

Si la régression du taux d'activité est générale, elle varie d'une communauté à l'autre. Les Portugais affichent le taux d'activité le plus élevé de toute la population étrangère : 74 % contre 55 % pour les Marocains et 58 % pour les ressortissants d'Afrique noire francophone. Le taux d'activité des nationalités étrangères est conditionné par le travail plus ou moins important des femmes de la communauté. Les Portugais sont en tête parce que les femmes sont 62 % à travailler alors que les Marocaines ne sont, par exemple, que 29 % à exercer une profession. De même, le taux d'activité féminine, inférieur à 35 % dans les communautés algérienne, tunisienne et turque, explique que les taux d'activité globaux soient inférieurs à 62 % alors même que les hommes de ces trois communautés sont proportionnellement quasiment aussi nombreux que leurs homologues portugais à travailler.

Si le travail féminin est plus ou moins important selon les communautés, les femmes étrangères sont toutefois, dans leur ensemble, de plus en plus nombreuses à exercer une activité professionnelle. Ainsi, elles représentent aujourd'hui 27 % des travailleurs étrangers alors qu'elles étaient moins de 20 % avant 1985. La présence féminine étrangère étant en augmentation constante sur le territoire, il est logique que la courbe du travail féminin augmente parallèlement. Toutefois, le taux d'activité progresse plus rapidement que le taux de présence sur le territoire : les femmes étrangères s'intègrent en adoptant le modèle français du travail féminin et le chômage, en nette progression dans la population étrangère, les incite à travailler pour assurer au moins un salaire dans le couple. Les activités de services (comme le nettoyage dans les entreprises ou chez les particuliers, par exemple) sont leur domaine de prédilection.

Taux d'activité féminine en hausse (en %)

Tranche d'âge	Françaises		Étrangères	
	1982	1990	1982	1990
15-19 ans	17	9	18	10
20-24 ans	68	60	49	51
25-29 ans	73	82	41	57
30-34 ans	69	78	40	52
35-39 ans	67	77	42	49
40-44 ans	63	77	42	51
45-49 ans	59	73	40	50
50-54 ans	55	64	39	45
55-59 ans	45	46	35	38
60-64 ans	22	17	21	20

Source : Données sociales de l'INSEE, 1993.

Tertiarisation de la main-d'œuvre

Autrefois traditionnellement employée dans les secteurs primaire (agriculture) et secondaire (industrie), la main-d'œuvre étrangère accède, peu à peu au secteur tertiaire (activités non directement productrices de biens de consommation comme le commerce, les services, les professions libérales, etc.), particulièrement depuis les années 70.

La crise économique, amorcée en 1974, s'est répercutée en priorité sur les travailleurs étrangers. Les conséquences sur l'emploi se sont, en effet, rapidement fait sentir dans les secteurs traditionnellement employeurs de main-d'œuvre étrangère tels que le BTP, les industries de biens intermédiaires ou de consommation, la construction automobile. Ces secteurs ont perdu en quinze ans (1975-1990), entre 46% et 57% de leurs effectifs étrangers. Si elle a été d'ampleur moins importante (le quart en général), la chute des emplois étrangers dans les industries agro-alimentaires, l'agriculture et le secteur de la production d'énergie, a précarisé l'emploi étranger.

Ce désengagement des secteurs primaire et secondaire a conduit les travailleurs étrangers à se tourner vers le secteur tertiaire : en 1990, ce domaine assurait l'emploi de la moitié de la population étrangère, contre moins d'un tiers en 1975. En quinze ans, les secteurs du commerce, des services marchands, des transports et télécommunications ont ainsi accru de 24 % à 50 % leurs effectifs étrangers. Le domaine du commerce bat tous les records puisque ses effectifs étrangers progressent de 95 % (+ 65 % pour les effectifs totaux).

Chaque communauté a ses domaines privilégiés. Les Portugais, par exemple, se tournent souvent vers le BTP (39 % des emplois étrangers de cette branche économique sont occupés par des Portugais) et les services de nettoyage (particulièrement les femmes) tandis que les Maghrébins et les Asiatiques préfèrent le commerce.

La répartition par secteur d'activité de la population étrangère se rapproche donc, peu à peu, de celle de la population française active.

L'emploi étranger par secteur d'activité (en %)

Secteur d'activité	Part des étrangers en 1982	Part des étrangers en 1990	Variation relative des étrangers 1982-1990	Variation relative de la population active totale 1982-1990
Agriculture	3,4	3,5	- 27	- 29
Industrie	8,1	6,7	- 25	- 9
Bâtiment	16,9	16,3	- 11	- 7
Tertiaire	4,3	4,5	+ 22	+ 16
Chômage	10,6	11,5	+ 48	+ 36
TOTAL	6,1	6,5	+ 4	+ 6

Source : Données sociales de l'INSEE, 1993.

Qualification : quelques progrès

Il n'en est pas de même pour l'équilibre des catégories socio-professionnelles qui reste toujours très différent entre les deux populations. Plus de la moitié des étrangers actifs sont ouvriers (contre 30% pour l'ensemble de la population active occupée) alors que la répartition de la population active française dans les différentes catégories est beaucoup plus équilibrée.

Toutefois, la qualification professionnelle des travailleurs étrangers s'améliore au fil des ans. Le nombre d'ouvriers non qualifiés décroît – 38% en 1982 contre 29% en 1990 – tandis que les autres catégories de travailleurs présentent plus souvent qu'avant un diplôme de formation (obtenu en France pour la plupart). La population étrangère compte, en 1990, 5% de cadres alors qu'elle n'en dénombrait que 3% en 1982 et deux fois plus d'artisans et de commerçants. Même si le nombre de ces derniers reste peu important en valeur relative (3% à 4% pour chacune des deux catégories), leur progression révèle l'ascension sociale de la population étrangère.

La poussée la plus spectaculaire des initiatives provient des Maghrébins, des Asiatiques et des Portugais. Si les premiers sont nombreux à choisir les secteurs traditionnels du commerce alimentaire (épiceries, bars), les seconds se situent majoritairement dans le créneau de la restauration et des supermarchés (les Asiatiques sont également de plus en plus présents dans le domaine de l'informatique et des nouvelles technologies) tandis que les troisièmes optent souvent pour les entreprises de nettoyage ou de sous-traitance pour le BTP.

Si de nombreux travailleurs étrangers installés à leur compte choisissent également les domaines des transports (taxi) et le bâtiment de petit ouvrage (maçonnerie, carrelage), des secteurs nouveaux, inconnus des anciennes générations, commencent à être investis comme le tourisme, la publicité ou l'audiovisuel.

Chômage doublé pour les étrangers

Le chômage touche plus durement les étrangers que les Français. Alors que près de 20 % (selon une étude de l'INSEE de 1990) sont sans travail, 10 % de la population composée des seuls Français n'a pas d'emploi (soit 10,6 % de chômage au total en France).

Le taux de chômage augmente également plus vite pour les étrangers que pour les Français puisque, depuis 1975, ce taux a quintuplé pour les étrangers alors que, dans le même temps, celui des Français a triplé.

Là encore, les différentes communautés sont inégalement touchées. Si la communauté portugaise enregistre un taux de 10,3 % (légèrement moindre que celui des Français), contre 30 % pour les Turcs. Les ressortissants asiatiques et africains (y compris les Maghrébins) affichent également des taux élevés, souvent au-dessus de 26 %.

Plus les étrangers sont «nouveaux» sur le territoire, plus ils font les frais du chômage. Ceux qui sont arrivés en France depuis 1982 sont en effet fortement pénalisés : 42,8 % des Turcs dans cette situation sont sans emploi et c'est également le cas de 37,7 % des ressortissants d'Afrique noire francophone et en général, d'un tiers des Asiatiques et des Maghrébins.

Chômage : de fortes disparités

Nationalité d'origine	Taux de chômage (hommes)
Espagnols	9 %
Italiens	8 %
Portugais	7 %
Algériens	23 %
Marocains	20 %
Tunisiens	20 %
Noirs africains	21 %
Cambodgiens	15 %
Turcs	24 %

Source : INSEE, recensement 1990.

Les femmes sont les grandes perdantes : 26% d'entre elles sont au chômage contre 15,5% des hommes. Mais la féminisation du chômage va de pair avec l'augmentation du taux d'activité des étrangères : si le marché du travail est certainement, de fait, plus défavorable aux femmes étrangères, la création d'emploi est également insuffisante par rapport au développement du nombre de postulantes à un travail.

Pourquoi cette inégalité entre Français et étrangers face au chômage ? Moins formés, issus de milieux socio-culturels défavorisés, les étrangers occupent les emplois les moins qualifiés et donc les plus exposés au chômage. L'obstacle de la langue représente également une raison : on estime qu'un immigré sur trois maîtrise mal le français. Pour éviter le chômage ou en sortir, les étrangers doivent faire preuve d'une plus grande mobilité. Et de fait, ils acceptent plus volontiers de changer de région et de secteur d'activité que les Français.

Ancienneté moyenne du chômage (en mois)

Âge	1983		1992	
	Français	Étrangers	Français	Étrangers
15-19 ans	11,2	11,8	9,8	11,2
30-49 ans	13,0	11,9	14,7	14,9
50 ans ou plus	21,5	19,3	24,8	22,8
ENSEMBLE	13,4	13,1	14,5	15,6

Source : Données sociales de l'INSEE, 1993.

Le travail clandestin

Travail clandestin et immigration clandestine ne doivent pas être confondus. Juridiquement, le « travailleur clandestin » n'est pas la personne qui réalise l'activité mais celle qui la commande (il peut être français ou étranger, régulièrement installé en France ou non). Le mot « clandestin » n'est pas lié dans ce cas à l'irrégularité du séjour du travailleur, mais au non-respect de la réglementation du travail (le mot illégal conviendrait mieux).

Le travail clandestin est « l'exercice d'une activité avec l'intention de se soustraire (pour tout ou partie) aux obligations à caractère professionnel, financier ou social » (d'après le Code du travail). Une multitude de situations peuvent donc relever du travail clandestin : l'activité d'une personne non immatriculée au registre du commerce, celle d'un travailleur dont les cotisations fiscales et sociales (charges patronales obligatoires) ne sont pas payées aux administrations concernées ou encore celle d'un travailleur à qui on ne délivre pas de bulletin de paie. Ce délit est donc plus lié à une activité qu'à une personne. C'est pourquoi le législateur a supprimé (loi du 31 décembre 1991) le terme « travailleur » clandestin pour ne plus employer que le mot « travail ». Cette mise au point est intervenue dans une logique politique de lutte contre les véritables responsables du travail clandestin : les employeurs ou les travailleurs indépendants. Le salarié dissimulé, lui, n'est que la victime du travail illégal organisé par son patron. Il n'est donc pas tenu pour responsable. Non seulement les sanctions ne le concernent jamais mais encore il est en droit de réclamer des dommages et intérêts à son employeur. La loi de 1991 a d'ailleurs instauré l'obligation pour ce dernier de verser un mois de salaire au salarié ayant travaillé illégalement.

Dans ce contexte, le rapport immigré/travail clandestin se conçoit donc dans deux cas : lorsque le ressortissant étranger est lui-même responsable du travail clandestin et lorsqu'au contraire, il en est victime.

Bien qu'il soit difficile d'établir des statistiques dans ce domaine (les condamnations pour ce délit ne représentant évidemment pas la totalité du phénomène), on peut penser que le travail clandestin est loin d'être l'apanage des étrangers. Une enquête du ministère du Travail (1992) signale que 30 % des infractions relevées concernent des étrangers sans titre de séjour, les 70 % restant étant attribués à des travailleurs en règle (français ou étrangers).

En tout état de cause, les étrangers sont vraisemblablement plus souvent les victimes du travail clandestin que les commanditaires. Aux raisons classiques – apport supplémentaire d'argent non imposé, notamment – les incitant à accepter un travail clandestin (lorsqu'ils sont au courant), s'ajoute en effet pour certains, une autre raison : la clandestinité de leur présence sur le territoire. Les «sans papiers» sont évidemment enclins à se tourner vers un travail illégal, pour réduire les risques de contrôles. Toutefois, les étrangers sans titre de séjour n'effectuent pas tous un travail clandestin (certains sont engagés légalement dans des sociétés, bénéficiant ainsi d'une couverture sociale). De même, des étrangers régulièrement installés en France peuvent réaliser un travail illégal.

Le bâtiment et travaux publics ainsi que l'agriculture sont les secteurs les plus touchés par le travail clandestin (en 1991, 38,5 % des délits pour le premier et 12,5 % pour le second).

LES ÉTRANGERS
DANS LA VIE SOCIALE

Les étrangers sont venus en France pour y trouver un travail. Au fil des années, ils ont pris leur place dans la vie sociale. Ils ont droit à une protection sociale, qu'elle soit liée ou non à leur travail, ils se sont installés dans un logement et ont envoyé leurs enfants à l'école.

Quelle protection sociale ?

Les étrangers profitent de l'essentiel des prestations du système de protection sociale français. Étant astreints aux mêmes cotisations sociales que les nationaux, ils bénéficient à 100 % des prestations contributives (protection subordonnée au paiement d'une cotisation) mais leur accès à certaines prestations non contributives est conditionné par une durée minimale de résidence en France.

Les prestations contributives sont les mieux adaptées à une immigration de travail puisqu'elles établissent un lien entre droit à la sécurité sociale et exercice d'une activité professionnelle. Ainsi, dès que l'immatriculation est demandée par son employeur à la Sécurité sociale, et à condition qu'il ait cotisé pendant une durée minimale, le travailleur étranger bénéficie des assurances maladie, invalidité, décès, accident du travail, chômage et veuvage et peut commencer à accumuler des droits à pension, en vue de sa retraite. Comme pour les nationaux, ses ayants droits (conjoint et enfants à charge) bénéficient de l'assurance maladie s'ils résident en France.

Parmi les prestations non contributives, l'aide sociale à l'enfance peut être accordée sans condition particulière. Concernant les aides aux handicapés, les étrangers peuvent bénéficier de l'allocation d'éducation spéciale. Quant aux prestations familiales (allocations de soutien familial, de garde, de maternité, de rentrée scolaire, etc.), elles sont presque toutes ouvertes aux étrangers puisque seule l'allocation de logement social obéit à des règles différentes lorsque le demandeur n'est pas français.

En revanche, concernant l'aide sociale, une durée minimale de séjour est exigée. Les étrangers ne peuvent, par exemple, bénéficier de l'aide médicale à domicile que s'ils séjournent depuis au moins trois ans sur le territoire et de l'aide à domicile aux personnes âgées que s'ils ont résidé plus de quinze ans en France (de manière continue).

En outre, les étrangers profitent de régimes adaptés à leur spécificité et édictés dans plusieurs conventions internationales. Une fois rentrés chez eux par exemple, les travailleurs étrangers ayant cotisé plusieurs années à la Sécurité sociale française continuent de toucher, en proportion de leurs versements bien sûr, des prestations relatives, notamment, à l'assurance vieillesse. Des conventions bilatérales peuvent encore être passées pour permettre aux ressortissants du pays signataire de bénéficier de prestations auxquelles il n'a normalement pas droit (aide sociale par exemple).

En principe, la protection sociale est réservée aux étrangers en situation légale sur le territoire. Mais aucun contrôle de la régularité du séjour n'étant prévu au moment de l'immatriculation, les caisses primaires d'assurance maladie assurent parfois des étrangers clandestins ayant un travail salarié. Afin de lutter contre cette situation, les caisses primaires peuvent vérifier, à tout moment, que le bénéficiaire a bien passé la visite médicale obligatoire pour l'obtention d'un titre de séjour et effectuée par l'Office des migrations internationales. Si tel n'est pas le cas, la Sécurité sociale peut demander la restitution des sommes versées. Toutefois, ce n'est pas à l'étranger de rembourser, mais à l'employeur fautif d'avoir embauché un clandestin.

La protection sociale repose sur le principe de solidarité nationale. Vouloir savoir combien coûte telle ou telle catégorie de la population pose donc un problème éthique. Aujourd'hui, certains se demandent combien coûtent les étrangers à la Sécurité sociale. Demain, ne voudront-ils pas connaître le coût des handicapés ou de telle autre catégorie minoritaire de la population ? Mesurer avec exactitude le bilan financier de la protection sociale pour les seuls étrangers exigerait une isolation des cotisations et dépenses de ces derniers. Or, la Sécurité sociale ne différencie pas, dans ses statistiques, les nationaux des autres.

Seule est envisageable une estimation de l'incidence de la présence étrangère sur les bilans financiers de certaines branches de la protection sociale. Certaines caisses peuvent être moins lourdement déficitaires que d'autres ou, au contraire, l'être plus en raison de la présence des étrangers. En 1992 par exemple, le fameux «trou» de la Sécurité sociale (déficit cumulé de 35 milliards de francs) est, en grande partie, imputable à la dégradation de la branche vieillesse qui représente 51,7 % de l'ensemble des prestations et a terminé l'exercice 1991 avec un déficit de 18,7 milliards de francs. Pour cette caisse en particulier, et compte tenu du fait que les plus de 60 ans sont moins nombreux dans la population étrangère que dans la population française (les étrangers ont une moyenne d'âge plus jeune que les nationaux et une partie d'entre eux repart dans le pays d'origine à la retraite), on peut vraisemblablement penser que les étrangers contribuent plutôt à minimiser le déficit qu'à l'accentuer. De plus, les allocations retraite versées aux étrangers rentrés dans leur pays sont d'un montant inférieur à celles versées en France car elles sont calculées en fonction du niveau de vie local.

Une réflexion inverse pourrait, en revanche, être menée à l'encontre des caisses de prestations familiales et d'allocations chômage. L'hypothèse pourrait en effet être celle d'une incidence aggravante des étrangers sur le déficit de ces branches.

En tout état de cause, les incidences positives ou négatives de la présence d'étrangers dans le système de protection sociale doivent être relativisées et ramenées à leur juste valeur : les étrangers ne représentent pas plus de 6,3 % de la population française. S'ils ne peuvent pas, de façon significative, faire augmenter les rentrées d'argent dans les caisses, ils ne peuvent pas non plus être responsables de leur déficit.

Si la protection sociale de la population s'est améliorée au fil des années, il n'en est pas de même pour leur logement.

La crise du logement

Jusqu'à la fin des années 60, les gouvernements des pays de départ et des pays d'accueil estiment que la présence des étrangers en France est un phénomène temporaire, croyance renforcée par un renouvellement (*turn-over*) élevé de la main-d'œuvre étrangère durant cette période. Cela encourage le laisser-faire des gouvernements français en matière de logement. De même, les immigrés, encore fermement attachés à l'idée du retour, contrôlent de façon drastique certaines dépenses, comme celle du logement.

Dans les années 60, on dénombre trois bidonvilles dans la région parisienne : à Nanterre où sont regroupés les Maghrébins, à Champigny et à Saint-Denis où vivent les Portugais. On retrouve les mêmes «misères» autour des grandes villes de province comme Marseille ou Saint-Étienne.

Dans les années 70, le regroupement familial incite les immigrés à s'installer dans les banlieues. Ils y trouvent des logements plus spacieux, plus confortables avec des loyers moins onéreux que dans les centres villes où ils occupaient parfois de petites habitations insalubres. Mais l'inadéquation entre offre de logements sociaux et besoins des populations étrangères est flagrante : les appartements des HLM construits dans les années 50-60 dans les banlieues étaient destinés à des familles ouvrières de quatre individus en moyenne.

Les familles immigrées qui les occupent aujourd'hui comptent couramment plus de cinq ou six individus. Aujourd'hui, près du quart des étrangers (notamment les Algériens et les Marocains) occupent un logement social, souvent dégradé. On compte de plus en plus de Français originaires des Antilles : leur concentration est particulièrement élevée dans la région parisienne (87 % des 15-24 ans). Français bien avant les Niçois, ils partagent certains traits avec les immigrés : déracinement et pauvreté.

Le problème du logement se transforme vite en problème de l'habitat, induisant d'autres difficultés : infrastructures socio-éducatives déficientes ou insuffisantes, services publics éloignés des habitations, isolement géographique.

L'intégration par l'école ?

La scolarisation des enfants d'immigrés est un phénomène ancien : en 1927, Georges Mauco, haut fonctionnaire chargé de l'immigration, recensait 8,4 % d'élèves étrangers sur la population scolaire totale.

Les effectifs d'enfants étrangers dans les structures d'enseignement ont évolué avec le regroupement familial : ils représentaient 3 % en 1952-1953 dans l'enseignement du 1er degré, soit 8 500 seulement. Après 1974, les données statistiques dénombrant les enfants d'étrangers deviennent systématiques : 7,7 % en 1974-1975 (1er et 2e degré) ; 8,9 % en 1986-1987 et 9,6 % en 1990-1991 (soit plus d'un million). Dans l'enseignement public, les élèves étrangers représentent aujourd'hui 10,8 % de l'ensemble des élèves et 2 % dans le privé. Dans l'enseignement pré-élémentaire, la part des élèves de nationalité étrangère est de 8,5 %, de 10 % à l'école élémentaire (CP-CM2), de 94 % en classe d'initiation, de 19 % en classe d'adaptation et de 19,1 % dans l'enseignement spécial.

Hier peu perceptible, l'équation immigration-école pose aujourd'hui de graves problèmes, notamment à cause de la forte concentration d'élèves d'origine étrangère dans certains établissements, ce qui suscite des réactions contradictoires. Pour certains, l'ignorance de la langue française de ces élèves serait la cause de la baisse du niveau de l'enseignement, voire de l'acculturation des «petits Français». Pour d'autres, la présence des enfants étrangers n'a pas d'incidence sur le niveau scolaire.

L'étude du handicap linguistique révèle que la différence des redoublements entre élèves français et élèves étrangers n'est plus aussi élevée qu'on pourrait le croire. À titre de comparaison, 19,2 % des enfants français dont le père est ouvrier non-qualifié ont redoublé le cours préparatoire contre 25 % des enfants d'étrangers dont le père est aussi ouvrier non-qualifié. Chez les enfants d'ouvriers qualifiés, ces taux sont respectivement de 13,3 % et 17,3 % (chiffres du ministère de l'Éducation nationale pour l'année scolaire 1986-1987).

En fait, l'échec ou la réussite scolaire sont davantage liés aux facteurs psycho-sociologiques qu'aux facteurs ethniques. Même dans l'échec, le système éducatif français produit une culture homogène (certains sociologues ont remarqué que de nombreux jeunes issus de l'immigration, exclus économiquement, restent intégrés culturellement). Ainsi, la crise que traverse l'éducation nationale, principalement localisée dans les établissements des quartiers déshérités laisse croire que l'école laïque ne saurait plus former de citoyens. Si la concentration d'élèves d'origine étrangère dans certains établissements est le révélateur de cette crise, elle n'en est pas la cause.

Mais pour mieux remplir sa mission d'instruction et donner une chance égale à tous, l'éducation nationale propose des solutions adaptées aux jeunes maîtrisant mal ou ne connaissant pas le français : classe d'accueil pour les non francophones, introduction de l'enseignement des langues et cultures d'origine (le bon apprentissage de sa langue d'origine aurait des effets bénéfiques sur l'apprentissage du français), information et formation des professeurs concernés dans les Centres de formation et d'information pour la scolarisation des enfants de migrants (CEFISEM) et création de structures comme les zones d'éducation prioritaire (ZEP). Mais progressivement, la plupart de ces structures ont fini par mêler les élèves étrangers avec les élèves français d'un bas niveau scolaire, dévoyant ainsi ces initiatives.

Malgré ces dispositions, la majorité des élèves étrangers connaissent surtout le régime commun. En effet, on recense, par exemple en 1987, seulement 6 000 inscrits dans les classes d'accueil sur plus d'un million d'élèves étrangers.

Chapitre 3

QUELLES POLITIQUES DE L'IMMIGRATION ?

*Depuis le milieu des années 70, l'immigration
est devenue un thème politique majeur, provoquant
même une crise identitaire en France, le débat ayant
glissé de la sphère économique vers la sphère sociale.
Les «impératifs du moment» ont souvent guidé
les décisions des gouvernements. Mais, comme dans
les pays voisins, deux constantes se dessinent :
renforcement du contrôle des flux migratoires
et attention croissante accordée à l'intégration
des étrangers dans la société française.
La concurrence entre les deux ministères chargés des
immigrés – Intérieur et Affaires sociales – a entretenu
des incohérences : l'objectif du premier (contrôle
des flux) contredisait souvent l'objectif du deuxième
(accueil et intégration).*

FLUX MIGRATOIRES :
UNE SÉLECTION
CROISSANTE

L'ordonnance du 2 novembre 1945 est le premier texte cohérent qui traite de l'ensemble des problèmes liés à l'immigration. Y est défini le statut juridique des étrangers sur le principe de l'égalité avec les travailleurs nationaux en matière de salaire, de protection sociale et de droit du travail. La même année, l'Office national de l'immigration (ONI) est créé pour assurer le recrutement et l'assimilation des immigrés.

Mais la mission de l'ONI est un échec : plus des trois quarts des immigrés arrivent en France, dès 1965, en dehors de ce canal. Bien que le contrôle des flux migratoires soit une ancienne et importante préoccupation de l'État français, la maîtrise des entrées et des sorties ne peut être assurée aussi rigoureusement qu'on le souhaite. Cela est flagrant au moment de l'arrêt de l'immigration en 1974.

1974 : la « fermeture des frontières »

La crise économique de 1974 marque la fin de longues années de forte croissance. Mal pratiquement inconnu auparavant, le chômage apparaît. L'arrêt de l'appel à la main-d'œuvre étrangère est supposé équilibrer le marché national du travail. Ainsi, des mesures sont prises pour endiguer l'arrivée de nouveaux immigrés et des aides sont proposées pour encourager le retour dans leur pays d'origine des immigrés sans travail, installés en France.

PLUSIEURS ORGANISMES AU SERVICE DE L'IMMIGRATION

La Direction de la population et des migrations, créée en 1966, est placée sous l'autorité du ministre des Affaires sociales mais elle est aussi à la disposition du ministère du Travail et de l'emploi.

Ses missions sont :
– l'étude, la conception et le suivi de la politique de la population en général ;
– la gestion de la politique de l'immigration en liaison étroite avec les autres administrations concernées ;
– la définition et la gestion des acquisitions et pertes de la nationalité.

L'Office des migrations nationales, successeur de l'Office national de l'immigration (créé en 1945), ne s'occupe plus du recrutement des travailleurs étrangers depuis l'arrêt officiel de l'immigration en juillet 1974. Sa mission est triple : gestion des expatriés (Français qui partent travailler dans les pays étrangers), du regroupement familial des étrangers en France et de la réinsertion de ces étrangers dans leur pays d'origine.

Le Fonds d'action sociale pour les travailleurs immigrés et leurs familles est un établissement sous la tutelle des ministères des Affaires sociales et du Budget. Créé en 1958, il concourt à l'intégration sociale et professionnelle des étrangers par la mise en œuvre de programmes sociaux et éducatifs. Il collabore avec des associations de défense des immigrés comme le Groupe d'intervention social pour les travailleurs immigrés (GISTI). Enfin, le FAS octroie une aide substantielle (40 % de son budget de 1991)

> *à la gestion et à l'équipement des foyers de tra-
> vailleurs immigrés gérés par la société nationale
> Sonacotra.*
>
> *La Commission nationale pour le logement des
> immigrés est un service (créé en 1976) du minis-
> tère des Affaires sociales qui coordonne les actions
> en faveur du logement des immigrés et finance des
> aides au logement grâce à la participation des
> employeurs à l'effort de construction réservé en prio-
> rité aux immigrés.*
>
> *Le Haut conseil à l'intégration, né en 1989 et com-
> posé de neuf membres indépendants, est chargé de
> donner son avis et de faire toute proposition utile
> sur les questions relatives à l'intégration.*
>
> *Le Comité interministériel à l'intégration a la tâche
> de définir, d'animer et de coordonner la politique
> de l'intégration sous la tutelle directe du Premier
> ministre.*
>
> *Quant à l'Office français de protection des réfugiés
> et apatrides (OFPRA), créé en 1952, il étudie et
> statue sur les demandes d'asile.*

André Postel-Vinay, secrétaire d'État chargé des travailleurs immigrés, «suspend provisoirement l'immigration»
dans une circulaire du 5 juillet 1974. Ironie de l'histoire, cette
circulaire garde son caractère «provisoire» depuis près de
vingt ans. Mais la décision est historique. En effet, jamais
auparavant n'a été prise une telle initiative, même dans les
pires moments des années 30 où l'on a simplement cessé de
délivrer des cartes de travail.

Mais l'objectif de 1974 ne sera pas atteint car l'arrêt officiel
est accompagné de quelques exceptions : les réfugiés politiques, les conjoints de Français, les ressortissants de la Communauté européenne, le personnel très qualifié et les

membres de famille des travailleurs étrangers sont toujours autorisés à entrer sur le territoire. Le successeur d'André Postel-Vinay, Paul Dijoud, en poste de 1974 à 1977, accorde aussi des dérogations aux entreprises qui jugent leur main-d'œuvre étrangère non substituable. Les entreprises continuent donc à embaucher des travailleurs étrangers. Par ailleurs, le Conseil national du patronat français (CNPF) proteste contre une décision qui réduit sa marge de manœuvre en matière de politique d'embauche.

De plus, l'immigration clandestine continue, grâce à certaines techniques, dont la plus éprouvée est celle du visa touristique. Les faux touristes se transforment en vrais «clandestins» et régularisent leur situation après avoir trouvé un emploi. De même, de nombreux étudiants étrangers restent en France, parfois illégalement, après leurs études.

L'arrêt de l'immigration est donc loin d'être effectif. Cependant, à la fin de la décennie 70, la crise économique se durcit et le chômage ne cesse d'augmenter. Si les mesures restrictives envers les étudiants (auxquels obligation est faite de venir en France avec un pécule substantiel) sont adoptées sans provoquer de véritables contestations, Lionel Stoléru, le secrétaire d'État à l'Immigration de l'époque rencontre, en revanche, une forte résistance de la part des associations de soutien aux immigrés, des partis politiques de gauche et de l'épiscopat qui défendent le regroupement familial menacé. Ils le considèrent comme un droit inaliénable.

À cette époque, la politique du contrôle des flux s'enrichit d'une politique d'aide au retour. La couleur est officiellement annoncée en avril 1977 : une prime de 10 000 francs est versée à tout étranger, inscrit à l'ANPE et candidat pour un départ définitif. Des indemnités supplémentaires sont prévues pour les travailleurs possédant femme et enfants. Destinée à 50 000 personnes environ, cette mesure ne séduit finalement que 4 000 immigrés, soit moins de 10% de la cible. Pour pallier cet échec, la prime est étendue, sans réel succès, à d'autres catégories d'étrangers. Dans l'esprit des promoteurs, ces aides sont destinées prioritairement aux Maghrébins. Mais ce sont les Portugais et les Espagnols à la retraite, ou proches de la retraite, qui en bénéficient le plus. 94 000 personnes seulement regagneront leur pays dans le cadre de ce dispositif entre 1977 et 1981 dont 13 355 chômeurs.

Devant un tel désaveu, le retour initialement prévu comme volontaire, se transforme en épreuve de force. Le ministre de l'Intérieur, Christian Bonnet, étudie en 1979 un projet de non-renouvellement des titres de séjour qui conduirait à 100 000 retours par an. Les résistances sont fortes et multiples : les syndicats français (CGT, CFDT, FEN) et ceux des pays d'émigration (Italie, Portugal, Espagne, Algérie et Maroc) apportent leur soutien aux travailleurs immigrés ; le Rassemblement pour la République (RPR), en conflit avec le président de la République Valéry Giscard d'Estaing, s'oppose également à ce projet au nom de l'esprit de l'ordonnance de 1945, œuvre du général de Gaulle ; enfin, le Conseil d'État déclare illégaux les décrets relatifs aux expulsions forcées.

Toutefois, sur le terrain, les expulsions se multiplient : de moins de 5 000 en 1978, elles passent à plus de 80 000 l'année suivante. Elles touchent indistinctement adultes et mineurs ayant contrevenu à l'ordre public (clandestins, personnes n'ayant pas leurs papiers en règle, etc.).

Les deux temps de la politique socialiste

Portés par les idéaux de gauche, les socialistes au pouvoir appliquent jusqu'en 1982-1983 une politique «libérale» de l'immigration (moins de contrôle des flux et plus d'aides sociales). Mais ils amorcent un revirement dès 1983-84 en durcissant les contrôles. Ce changement d'attitude s'explique par la persistance de la crise économique et par l'émergence de la deuxième génération (les enfants arrivés au titre du regroupement familial ou nés en France atteignent l'âge adulte) qui soulève des questions sur leur intégration. Le problème de l'immigration n'est donc plus cantonné au seul domaine économique : il devient social.

En 1981, le gouvernement socialiste prend certaines mesures annonçant un assouplissement de la politique d'immigration : l'aide au retour est délaissée, les expulsions interrompues et le chômage ne peut plus être invoqué comme motif de non-renouvellement des titres de séjour.

Si la loi d'octobre 1981 aggrave le délit de présence irrégulière sur le territoire national avec un risque d'emprisonnement, les effets sont moins «lapidaires» pour l'étranger en infraction. Le «destin» de ce dernier n'est plus du ressort de l'administration (qui prononçait souvent une reconduite immédiate à la frontière) mais de l'autorité judiciaire, ce qui permet à l'immigré d'organiser sa défense. L'effet secondaire, en engendrant la détention provisoire, induit toutefois une augmentation d'environ 30 % des effectifs de la population carcérale étrangère.

La régularisation des «clandestins» reste la mesure la plus spectaculaire, même si elle ne concerne que les immigrés entrés sur le territoire national avant le 1er janvier 1981. Cette opération, qui dura deux ans environ, permet de régulariser la situation de plus de 130 000 personnes.

Mais 1983 marque une rupture dans la politique de l'immigration. La politique de relance économique menée en 1981 par le Premier ministre Pierre Mauroy, ne parvient pas à enrayer la courbe du chômage : 1,65 million de personnes en 1980 ; 2 millions en 1982. En outre, la percée du Front national aux élections municipales de 1983 et aux européennes de 1984 (plus de 20 % des voix dans certaines circonscriptions du sud de la France et dans la banlieue parisienne) incite le gouvernement à tenir compte des thèses nationalistes de ce parti.

Ainsi, il renforce le contrôle des flux : la police des frontières refoule un nombre croissant de touristes soupçonnés d'être candidats à l'immigration ; en cas de délit, la reconduite à la frontière peut avoir lieu avant l'exécution d'une peine de prison ; on légalise l'expulsion de certains condamnés (les jeunes immigrés parlent alors de «double peine») ; l'immigration familiale est freinée par l'instauration d'une demande préalable obligatoire auprès de la Direction départementale des affaires sanitaires et sociales (DDASS) qui peut ainsi effectuer un contrôle plus serré du regroupement familial.

La loi de 1984 qui institue le titre de séjour unique de dix ans est diversement appréciée : en réduisant le nombre de titres de séjour détenus par les étrangers de deux à un (carte de résidence et carte de travail remplacées par une seule carte), on leur facilite les démarches administratives. Inversement, on exerce sur eux un contrôle plus efficace. En effet, auparavant, certains profitaient des deux cartes mentionnant des adresses différentes pour éviter une expulsion si l'une des deux cartes au moins était valide.

Enfin, l'aide au retour est rétablie sous un autre nom : aide à la réinsertion volontaire. Il n'est plus question d'une aide massive et anonyme. L'État profite des restructurations des grandes entreprises, notamment dans l'automobile (entre 1981 et 1992, ce secteur perd 120 000 emplois), pour leur proposer d'organiser conjointement le retour des étrangers, premiers touchés par les licenciements. Cette aide peut être complétée par une formation adéquate. Entre 1984 et 1990, 70 300 personnes acceptent le retour dans ces conditions.

Le consensus

À la fin des années 80, hormis le Front national qui se singularise en défendant la préférence nationale (attribution des emplois et des prestations sociales en priorité aux Français) et les expulsions massives des immigrés non originaires des pays occidentaux, les autres formations politiques semblent avoir trouvé un *modus vivendi* sur la question «immigrée». Elles s'accordent implicitement sur le renforcement des contrôles des flux et une plus grande attention donnée à l'intégration des immigrés installés en France.

Aux élections législatives de 1986, la coalition RPR-UDF reprend la majorité à l'Assemblée nationale. Les lois votées sous cette législature sont plus restrictives sur l'entrée et le séjour des étrangers en France. La loi de septembre 1986, dite loi Pasqua, du nom du ministre de l'Intérieur, limite l'attribution de la carte de résident tout en restreignant le nombre des catégories d'étrangers qui en sont bénéficiaires. Cette loi prévoit une autre restriction : les étrangers entrés en France avant l'âge de dix ans perdent le droit à l'attribution automatique de la carte de résident lorsqu'ils ont été condamnés à une peine de six mois de prison ferme ou à un an avec sursis.

La série d'attentats meurtriers à Paris en septembre 1986 provoque l'instauration de visas d'entrée pour les ressortissants de plus de cent pays, dont une écrasante majorité faisant partie du tiers monde. Initialement adoptée pour se protéger de la venue de terroristes, cette mesure servira par la suite au contrôle de l'immigration. Elle n'a jamais été abolie.

Revenus au pouvoir après les élections présidentielles et législatives de 1988, les socialistes aménagent la loi Pasqua. Le nouveau ministre de l'Intérieur, Pierre Joxe, redonne la primauté à l'ordre judiciaire en matière d'expulsion au détriment de la procédure administrative (1989). L'autre point important est la délivrance de plein droit de la carte de résident aux étrangers vivant habituellement en France depuis l'âge de dix ans, qu'ils aient été condamnés ou non.

Lors de la campagne des législatives de mars 1993, gagnées par la coalition RPR-UDF, la droite insiste sur l'application stricte des lois existantes, propose la suspension du recours juridique dont bénéficient les étrangers menacés d'une expulsion, souhaite que les jeunes nés en France de parents étrangers manifestent formellement leur volonté de devenir français et veut développer la lutte contre les mariages de complaisance, (ou mariages «blancs») uniquement destinés à acquérir la nationalité française et la polygamie (marginale). Ces aménagements restent mineurs par rapport aux ambitions réformatrices de 1986 qui visaient, notamment, la remise en cause du droit du sol inscrit dans le Code de la nationalité.

La maîtrise de l'immigration dans un premier temps (1945), puis son arrêt dans un deuxième temps (1974) ont produit, au mieux, un renforcement du contrôle des flux migratoires. En 1991, 123 413 étrangers ont immigré en France, soit 8 000 de plus qu'en 1990. La recrudescence de l'immigration permanente correspond aussi à un nouveau phénomène. On note une baisse du regroupement familial mais une montée des arrivées de conjoint(e)s à la suite de mariages réalisés par les immigrés de France dans leur pays d'origine.

L'objectif affirmé de stopper l'immigration n'ayant pas été atteint, on peut avancer deux explications. Avant 1974, les entreprises font appel à la main-d'œuvre immigrée pour les emplois non qualifiés parce qu'elle est plus flexible, plus mobile et moins chère que la main-d'œuvre non qualifiée française. Après 1974, il apparaît que la substitution des travailleurs étrangers par des travailleurs français ne peut se réaliser du jour au lendemain. Il a fallu une dizaine d'années pour commencer à voir en nombre des Français éboueurs à Paris, autrefois secteur presque entièrement occupé par les Maghrébins et les Noirs africains.

Aujourd'hui, si le regroupement familial produit des rigidités au sein de la communauté immigrée (moindre flexibilité et moindre mobilité), rendant la main-d'œuvre française concurrentielle, la croissance économique n'est plus là pour assurer des embauches massives.

L'ordonnance de 1945, en associant un objectif économique (réalisable à court terme) et un objectif démographique (réalisable à long terme), contenait les germes de l'insuccès. Alfred Sauvy et Robert Debré écrivaient à la Libération : « notre plan annuel serait le suivant : mortalité : 30 000 vies à sauver ; immigration : 130 000 étrangers à admettre ; natalité : 160 000 enfants de plus à faire naître ; total : 320 000 personnes à gagner » (*Population et sociétés*, n° 274, décembre 1992).

EUROPE : RAPPROCHEMENT DES POLITIQUES

Après la Deuxième Guerre mondiale, les flux migratoires ont convergé vers les pays riches du nord de l'Europe occidentale, et depuis vingt ans, ils se répandent aussi vers l'Italie et l'Espagne. L'histoire, ainsi que les politiques économique et démographique de chacun de ces pays ont connu des voies différentes. En effet, l'Allemagne a eu une politique de «travailleurs hôtes», elle ne se reconnaissait pas comme un pays d'immigration ; la France s'est toujours affirmée comme une terre d'immigration souhaitant intégrer les nouveaux arrivants ; le Royaume-Uni s'est longtemps considéré comme une terre d'émigration.

Le faible contrôle exercé pendant les années 60 par la plupart de ces pays (impliqué par les forts besoins de main-d'œuvre) a attiré quelque 30 millions d'étrangers, soit 8 % environ de la population totale européenne (6 % aux États-Unis). Mais dès le début des années 70, l'immigration de ces pays a été limitée aux citoyens de la Communauté européenne, ainsi qu'aux demandeurs d'asile, aux membres des familles des immigrés, aux travailleurs saisonniers et aux étudiants.

Les politiques concernant la maîtrise des flux se sont rapprochées, notamment par la signature entre cinq pays (France, RFA, Belgique, Pays-Bas et Luxembourg), le 14 juin 1985, des accords de Schengen. L'Italie, l'Espagne, la Grèce et le Portugal s'y sont joints ultérieurement. Ces accords – conjointement à la suppression des contrôles aux frontières intérieures et à la libre circulation des membres de la

Communauté européenne à partir du 1er janvier 1993 – prévoient une harmonisation des conditions d'entrée aux frontières de l'espace Schengen. Les ressortissants de pays tiers (hors Communauté européenne), sont soumis à un nouveau régime :
– les résidents réguliers dans un État membre seront soumis à une déclaration obligatoire s'ils désirent se rendre dans l'un des pays signataires ;
– les touristes de plus de cent pays doivent se munir d'un visa pour pénétrer dans chacun des pays (jusqu'à l'instauration d'un visa unique européen) ;
– les demandeurs d'asile voient leurs droits confirmés ;
– les irréguliers, appelés abusivement clandestins, restent indésirables. Les pays signataires ont prévu d'harmoniser des mesures pénales applicables à l'immigré en situation irrégulière.

Après le report de l'application du traité de six mois (au 1er juin 1993), la France a gelé son adhésion aux accords de Schengen tant que les Pays-Bas ne renforceront pas la lutte contre le trafic de drogue, la Grèce et l'Italie contre l'immigration illégale.

Parallèlement à cet accord, le Parlement européen a parrainé la création du «Forum européen des migrants», regroupant des associations de migrants de la CEE, destiné à jouer un rôle de «lobby» auprès des instances européennes. Ce Forum représente environ 8 millions d'immigrés.

Enfin, le traité de Maastricht établit de facto une différence entre les immigrés originaires de la CEE et ceux des pays tiers, en accordant le droit de vote aux élections locales aux premiers. Le traité risque donc de créer une immigration à deux vitesses.

Ils rêvaient aussi d'un ministère de la Population bénéficiant de pouvoirs élargis (famille et natalité, médecine préventive, médecine curative, assurances sociales, peuplement et logement). Le projet de nos deux «populationnistes» n'a pas pris mais il a laissé des traces profondes. Mais le besoin de main-d'œuvre et le besoin de «revigorer» la natalité française ne répondent pas aux mêmes exigences, ni aux mêmes logiques.

Si le premier besoin provoque un appel de la main-d'œuvre massif et immédiat, le deuxième nécessite du temps pour mieux intégrer les étrangers invités à s'installer en France. Ainsi, on comprend mieux les ressorts de la politique française de l'immigration, hésitant entre une simple gestion des flux migratoires et une politique ambitieuse de l'intégration.

INTÉGRATION : UN MODÈLE ORIGINAL

La focalisation sur les flux de main-d'œuvre a longtemps masqué l'importance de l'immigration familiale, amorcée dès les années 50. Aussi, à la fin des années 70, des questions d'ordre social surgissent : identité nationale, droits politiques des étrangers, éducation, etc. Autant de problèmes renvoyant à l'intégration des populations étrangères dans la société d'accueil et à la conception française de la nationalité.

Collective ou individuelle, les deux «recettes» de l'intégration

Chaque pays d'immigration a adopté, à l'égard de ses immigrés, une attitude particulière – liée à son histoire, sa conception de la nationalité, ses besoins économiques et démographiques. Il existe donc autant de «recettes» de l'intégration que de pays d'immigration. Pourtant, deux grandes options ressortent : l'intégration collective, appliquée en Suède, au Royaume-Uni, aux Pays-Bas, où le but proclamé est la société «multiculturelle»; l'intégration individuelle, particularisme français. Encore faut-il souligner qu'il s'agit là de dominantes : chaque pays pouvant définir sa politique en empruntant à l'une et à l'autre. Les hésitations de la politique française en sont un bon révélateur.

La Suède est un bon exemple d'intégration collective. L'immigré ne sera jamais vraiment suédois (les statistiques distinguent les Suédois naturalisés des «vrais» Suédois). L'intégration collective signifie la reconnaissance et la défense de l'expression des identités d'origine des immigrés dans la vie publique. Une intégration réussie suppose le maintien de liens forts avec sa communauté d'origine (à Stockholm, priorité est donnée dans l'enseignement scolaire à l'apprentissage de la langue d'origine) : c'est la communauté dans son ensemble qui s'intègre.

Cette multiculturalité s'oppose à une homogénéité de la société suédoise, ce qui en matière d'habitat peut se traduire par une certaine «ghettoïsation». On note en effet une concentration progressive des populations étrangères, établie sur des critères ethniques, dans les grandes zones urbaines comme Rinkeby (cité-dortoir de Stockolm).

Autre exemple, le Royaume-Uni, où les différences raciales sont institutionnalisées : les statistiques comptabilisent le noirs, les jaunes, les blancs... Là encore, il s'agit de préserver l'identité culturelle étrangère, quitte à aboutir à une véritable séparation entre nationaux et communautés étrangères.

La France, en revanche, vieille terre d'immigration, a «digéré» les différentes vagues d'arrivées (belge, polonaise, italienne, espagnole) grâce à sa tradition assimilatrice, née bien avant l'avènement de la IIIe République. En effet, ne reconnaissant pas «l'identité héritée» selon l'expression du sociologue Didier Lapeyronnie, la France donne la priorité à l'intégration individuelle, c'est-à-dire que dans la vie publique, l'individu «oublie» ses particularismes culturels. Pour devenir Français, on se dépossède en quelque sorte de ses racines.

LA NATIONALITÉ FRANÇAISE ET SON CODE

Plus qu'un lien juridique qui relie un individu à un État, la nationalité est le symbole moderne d'appartenance à une communauté. L'acquisition de la nationalité française ouvre aux étrangers des droits civiques, mais les soumet aussi à des devoirs.

Les étrangers peuvent accéder à la nationalité française par le droit du sol (jus soli) ou le droit du sang (jus sanguinis). Le premier droit permet l'acquisition de la nationalité par la naissance, ou l'installation, sur le territoire français ; le deuxième par la filiation (naissance d'un père ou d'une mère français[e]), indépendamment du lieu de naissance.

L'obtention de la nationalité est régie par le Code de la nationalité française issu, pour l'essentiel, de la loi de 1973. Comme dans la plupart des pays, pour se faire naturaliser, il faut effectuer des démarches administratives. On parle alors d'acquisition par décret ou par déclaration.

L'acquisition par décret suppose une démarche volontaire de l'étranger qui dépose une demande de naturalisation auprès de la préfecture. Cette demande est conditionnée par une résidence minimale de 5 ans en France et des revenus suffisants. Les naturalisations par décret ont représenté 40 % du total des acquisitions en 1991.

L'acquisition par déclaration (20 % des cas en 1991) est réservée à certaines catégories d'étrangers, du fait de leur situation personnelle ou familiale (enfants nés, adoptés ou recueillis en France, conjoints d'un Français). Dans ce cas, on attribue la nationalité au demandeur sur simple présentation d'un dossier.

Les deux types de naturalisations – décret et déclaration – ont représenté environ 80 000 cas en 1991.

Mais la France présente une singularité par rapport à la majorité des grands pays européens : l'acquisition sans formalité, c'est-à-dire l'accès automatique à la nationalité (40 % environ des cas). Elle concerne deux types de personnes :
– les mineurs nés en France de parents étrangers, eux-mêmes nés en France. Les personnes, dont l'un des parents au moins est né dans un pays qui avait le statut de département d'Outre-mer (Algérie par exemple), sont aussi concernées;
– les mineurs nés en France de parents étrangers et résidant sur le territoire national depuis au moins cinq ans.

Dans le premier cas (essentiellement des enfants d'Algériens), on compte 20 000 acquisitions de la nationalité française par an; dans le deuxième, 25 000.

Après l'arrivée au gouvernement de la coalition RPR-UDF en mars 1993, la législation devrait être modifiée sur ce point : les enfants nés en France de parents étrangers et résidant sur le territoire national depuis 5 ans devront, entre 16 et 21 ans, faire une déclaration stipulant leur volonté de devenir français à 18 ans (3 ans de délai après la majorité sont donc prévus en cas «d'oubli»).

Marceau Long, vice-président du Haut conseil à l'intégration (HCI) résume ainsi l'intégration à la française : «susciter la participation active à la société toute entière des femmes et des hommes appelés à vivre durablement sur notre sol, en acceptant sans arrière-pensées que subsistent des spécificités, notamment culturelles, mais en mettant l'accent sur les ressemblances et les convergences dans l'égalité des droits et des devoirs afin d'assurer la cohésion de notre tissu social». Autrement dit, les particularismes culturels des immigrés sont acceptés s'ils ne bouleversent pas la cohésion sociale française.

L'adoption de l'un ou l'autre modèle implique des politiques différentes : l'intégration collective entraîne des mesures de discrimination positive (l'État d'accueil reconnaît et protège les «cultures héritées»), tandis que l'intégration individuelle ne s'accompagne pas de mesures spécifiques aux étrangers qui doivent se fondre dans le corps social du pays d'accueil, quitte à se couper de leurs racines. Les problèmes économiques et sociaux (logement, emploi, formation...) sont dans ce cas traités globalement, sans distinction de cible, française ou étrangère. L'observation de la politique française dans les années 70 et 80 montre que la France a hésité entre ces deux «recettes», même si la composante individuelle domine.

Parmi les mesures d'intégration collective, on peut citer la création d'un Office national pour la promotion culturelle des immigrés (à l'origine de l'émission télévisée «Mosaïque») et le lancement de l'enseignement des langues d'origine dans les établissements scolaires français (à la charge des pays d'origine qui dépêchent leurs professeurs), la participation aux cours restant facultative.

Dans le même sens, la loi d'octobre 1981 restaure la liberté aux étrangers de créer des associations sans contrôle préalable du ministère de l'Intérieur : cette démarche reconnaît aux étrangers un statut d'acteurs sociaux.

Enfin, le Fonds d'action sociale pour les travailleurs immigrés et leur famille (FAS), créé en 1958, participe, activement depuis les années 80, à l'intégration des étrangers en soutenant financièrement plus de 3 000 associations. Celles-ci mènent des actions socio-éducatives envers les femmes ainsi que des actions socio-culturelles envers les jeunes. Le FAS intervient aussi dans les domaines du logement et de la formation professionnelle.

Inversement, de nombreuses mesures visant à assurer l'intégration individuelle des immigrés sont prises. Les problèmes rencontrés (logement, formation, emploi...) étant les mêmes que ceux de certains Français. La question immigrée est alors « socialisée », elle s'insère dans des questions sociales plus générales, celle de la précarité matérielle, de la marginalisation. La politique de la ville lancée dans les années 80 est un bon exemple de ce traitement « socialisé ».

Le mal des banlieues, danger pour l'intégration ?

L'immigration est souvent associée à la banlieue, ces villes-dortoirs, isolées géographiquement, pourvues de faibles équipements socio-culturels, sans véritable tissu économique et où la violence et la délinquance sont présentes.

Dans les quelque 543 quartiers « prioritaires » (quartiers situés en majorité dans les agglomérations de plus de 100 000 habitants et sur lequels se concentre la politique de la ville), près de 20 % de la population est d'origine étrangère (sur 3 millions de personnes dont un tiers a moins de 20 ans). On compte en outre 20 % de demandeurs d'emploi dans ces zones contre une moyenne nationale de 10,8 %. Ambitieuse, la France essaie de résoudre ce problème dans sa globalité, l'immigration n'en étant qu'une composante. Ainsi, les actions gouvernementales s'emploient, depuis le début des années 80, à modifier la politique du logement en une politique de l'habitat afin de mieux répondre au mal des banlieues.

De nombreuses municipalités, dont le pouvoir a été élargi avec la loi de décentralisation (1981), « ont compris, selon la juriste Jacqueline Costa-Lascoux, les dangers des politiques qui insistent sur les différences d'origine, de modes de vie, de religions, sur les «identités» et les appartenances : les effets pervers des mesures «culturalistes» sont patents sur le terrain.» Ces politiques locales s'attaquent ainsi aux problèmes des familles nombreuses, des chômeurs en «fin de droits», de l'emploi des 16-25 ans et non à l'insertion de telle ou telle communauté ou des «secondes générations». «Elles encouragent enfin, ajoute J. Costa-Lascoux, les immigrés à sortir d'une attitude de repli. Le «désenclavement» des communautés immigrées dans l'action sociale, et alors que beaucoup acquièrent la nationalité française, renvoie à la question fondamentale des inégalités socio-économiques et de la pauvreté, au-delà des appartenances culturelles ou nationales». Le dogme national de l'égalité et de la laïcité est plus fort.

Le gouvernement a créé, en 1982, une Commission nationale pour le développement social des quartiers avec l'ambition d'impliquer différents ministères (Affaires sociales, Éducation nationale) ainsi que les collectivités territoriales. Dans la foulée, une kyrielle d'actions verront le jour : Zone d'éducation prioritaire (1982), Contrats d'agglomération pour l'insertion des immigrés (1982), Conseil national de prévention de la délinquance (1983), Programmes locaux d'habitat (1983), Développement social des quartiers (1988) et création d'un ministère de la Ville (1990). Politique appuyée par la loi dite Besson qui accentue les moyens mis au service de l'habitat social, et la loi qui instaure une solidarité entre communes riches et pauvres (1991). Le budget consacré la Ville dépasse le milliard de francs en 1993.

Si la mise en place de ces instruments n'a pas enrayé l'échec scolaire, la délinquance ou le chômage, cela a permis au moins de connaître avec précision les handicaps des banlieues, de clarifier et de coordonner certaines interventions : réhabilitation des logements, redéploiement des services publics au sein des quartiers prioritaires, définition de nouvelles formes d'expression (conseils des quartiers par exemple), installation des entreprises (notamment par les contrats État-entreprises auxquels ont déjà souscrits de grandes sociétés du bâtiment et des travaux publics) et accentuation de l'action sociale.

L'égalité de traitement entre pauvres Français et pauvres immigrés apparaît aujourd'hui comme une nouveauté. Pourtant, le principe de l'égalité avait guidé les législateurs, dès les années 40, dans le secteur économique.

Droits économiques et politiques : le « droit à l'indifférence »

Si l'accès au travail peut être interdit aux résidents temporaires, l'embauche des immigrés est restreinte dans la fonction publique (à l'exception de l'éducation nationale et de la recherche, sauf dans le domaine militaire), « nul ne peut être lésé, dans son travail ou son emploi, en raison de ses origines » lit-on dans le préambule de la Constitution. Cette déclaration est renforcée par le Code pénal dont l'article 416 permet de punir toute personne qui, « sauf motif légitime, aura refusé d'embaucher ou aura licencié une personne à raison de son origine ou de son appartenance ou de sa non-appartenance à une ethnie, une nation, une race ou une religion déterminée ».

La volonté d'assurer aux travailleurs étrangers un statut économique égal à celui des travailleurs français – ce qui n'était pas le cas sous la IIIe République – s'est traduite par l'adoption d'une série de lois : éligibilité à la fonction de délégué du personnel (loi d'avril 1946), droit à la vie syndicale (loi de juin 1972), autorisation d'occuper des fonctions de direction ou d'administration dans les syndicats (loi de juillet 1975), droit de vote aux élections prud'homales (loi de 1979) et aménagement, en 1981, de l'article du Code du travail L. 342 relatif au contingentement de l'emploi des étrangers dans les entreprises. La loi d'octobre 1981 supprime la possibilité de fixer des quotas dans les entreprises dont le principe avait été instauré par la loi d'août 1932 et maintenu dans l'ordonnance de 1945. Ces mesures sont complétées par des textes sur la formation professionnelle et sur l'aide à la création d'entreprises par les travailleurs étrangers.

Sur le plan politique, le problème de la participation des immigrés à la vie politique française se pose à deux niveaux : celui des primo-arrivants et celui de leurs enfants.

La constitution française interdit le droit de vote aux étrangers établis en France. Même la position du président de la République François Mitterrand en faveur de ce droit a rencontré une vive résistance de la part des syndicats et des partis politiques, voire de la part de l'association France Plus, composée essentiellement de «beurs». Pour que les étrangers aient accès à ce droit, un changement de la constitution française est nécessaire (l'article 3 stipule que seuls les nationaux des deux sexes ont des droits civils et politiques).

La Constitution a été révisée par la loi du 25 juin 1992, rendant ainsi possible la ratification du traité de Maastricht par la France. Le traité accorde en effet le droit de vote et d'éligibilité aux ressortissants d'un État membre de la Communauté européenne installé dans un autre État membre, aux élections locales et européennes.

Des associations de soutien des immigrés continuent cependant de se battre pour le droit de vote de tous les immigrés aux élections locales, quelle que soit leur origine. Ces associations trouvent choquante la discrimination introduite avec le traité de Maastricht qui instaure de fait une immigration à deux vitesses – les ressortissants des États de la Communauté et les autres – alors que tous les immigrés participent au développement de la France en payant, notamment, des impôts. Le débat continue.

Désormais, la deuxième génération (première pour les démographes) développe des structures sur des bases sociales et non plus ethnique comme dans les associations animées par leurs parents. Les leaders de la deuxième génération réclament un terrain de sport pour occuper les jeunes du quartier, des moyens matériels pour organiser des soutiens scolaires, un local pour les répétitions des groupes de rock ou de rap, etc. et s'adressent à une «clientèle» indépendemment de son origine.

Insistant d'abord sur le «droit à la différence», devise de l'association SOS-Racisme, la deuxième génération a réclamé ensuite le «droit à l'indifférence», slogan aux accents bien républicains de l'association France Plus. Le passage de la gratification de la société pluriculturelle à la la gratification de la société égalitaire marque une évolution nette vers l'intégration. Dès 1985, France Plus a incité les jeunes immigrés à s'inscrire sur les listes électorales afin d'utiliser leurs droits civiques efficacement. Aux élections municipales de 1989, cette association a même parrainé des candidats en position éligible sur les listes des partis «républicains» de droite et de gauche. Cent d'entre eux environ ont été élus conseiller municipal dont certains sont devenus maires adjoints. Kofi Yamgnane est le plus connu des maires issus de l'immigration. En 1991, il devenait secrétaire d'État à l'Intégration.

Aujourd'hui, les candidats issus de la deuxième génération sont les représentants d'un parti en tant que militants de ce parti, pas au titre d'«immigrés de service». Pour ceux-là, l'intégration est aboutie. Ils sont devenus des citoyens français. Dans ce cas, on peut même parler d'assimilation.

ENJEUX

L'arrivée massive des étrangers en France depuis un siècle et demi est le résultat d'une politique volontariste, motivée par des préoccupations économiques (besoin de main-d'œuvre) et démographiques (lutte contre la dénatalité). Si l'immigration a joué un rôle positif dans le développement de la France, elle rencontre aujourd'hui une série de problèmes d'ordre économiques et sociaux. L'intégration des immigrés s'en trouve compliquée. Pour réussir cette intégration, la France doit relever quatre grands défis : l'établissement d'une véritable politique des flux migratoires, l'adaptation du marché du travail à la profonde mutation économique, l'intégration professionnelle des jeunes immigrés (étrangers ou d'origine étrangère) et une définition plus précise de l'avenir européen.

Quelle politique des flux migratoires ? La majorité RPR-UDF issue des élections de mars 1993 a montré sa détermination à renforcer le contrôle des flux migratoires et le séjour des étrangers en France : carte de résident de dix ans moins facile à acquérir, limitation de la protection des immigrés en instance d'expulsion, restriction du regroupement familial, etc.

Ces mesures peuvent certes restreindre davantage le flux migratoire mais l'immigration potentielle reste élevée (ce qui implique un risque d'immigration clandestine). Les pays occidentaux constituent un appel formidable pour les populations du Sud ou de l'Est, tant que les rapports Nord-Sud et Est-Ouest seront autant déséquilibrés économiquement.

En tout état de cause, cette limitation des flux n'est pas suffisante en elle-même. Les immigrés installés sur le territoire français doivent trouver leur place dans la vie économique et sociale. Comment agir sur le marché du travail ? Pour résister à l'intensification de la concurrence économique mondiale apparue dans les années 80, les industries françaises, autrefois «grandes consommatrices» de main-d'œuvre, ont automatisé leur outil de production (cas de l'automobile) ou l'ont délocalisé (cas du textile). Les débouchés pour les travailleurs faiblement qualifiés, ou sans qualification, se sont donc raréfiés. Seuls le secteur du bâtiment et des travaux publics et celui des entreprises spécialisées dans la sous-traitance continuent de leur offrir des opportunités de travail, mais insuffisamment pour répondre à la demande.

Le chiffre de trois millions de chômeurs, parmi lesquels on compte plus de 360 000 demandeurs d'emploi étrangers, risque malheureusement de perdurer parce que les transformations économiques sont à la fois structurelles et conjoncturelles. En effet, l'offre de travail a été profondément modifiée : il y a moins de postes disponibles et les emplois d'aujourd'hui recquièrent une plus grande qualification. Comment éviter l'exclusion du monde du travail, à la source de l'exclusion sociale ? L'intégration des individus, et plus encore celle des immigrés, passe d'abord par l'emploi.

Mais sur le plan culturel, l'intégration des jeunes immigrés étrangers ou d'origine étrangère est aussi un enjeu important. Ces jeunes rencontrent plus de handicaps sur le marché du travail que les jeunes «Français de souche». Plus de 10% de la population active en France est sans emploi, 28% des 16-25 ans (étrangers et Français) sont frappés par le chômage, soit plus d'un jeune sur quatre.

Évidemment, il y a de jeunes immigrés qui réussissent (30% des enfants d'immigrés ouvriers, nés après 1968, sont devenus des cadres), mais la plupart d'entre eux ont des difficultés spécifiques : ils maîtrisent parfois mal la langue française et/ou vivent des crises identitaires pénalisantes qui accentuent leurs problèmes d'intégration sociale.

Des actions socio-éducatives ou socio-culturelles sont entreprises en leur faveur; leur efficacité est encore difficile à apprécier. On sait seulement que les stages d'insertion professionnelle (travaux d'utilité collective remplacés par les

contrats emploi-solidarité, stage d'initiation à la vie professionnelle, etc.) – où l'on trouve de nombreux jeunes étrangers ou
d'origine étrangère – répondent d'abord à un traitement social
du chômage et se traduisent rarement par une embauche.

L'échec de l'intégration des jeunes étrangers ou d'origine
étrangère, pourrait accentuer le mal de certaines banlieues
(lieu de concentration d'un grand nombre de laissés-pour-
compte) en transformant un problème d'exclusion économique et sociale en problème ethnique qu'on sait difficile,
sinon impossible à gérer.

Mais la question immigrée se pose aussi à l'échelle européenne. Les histoires sont différentes, les idéologies aussi. La
construction communautaire est pourtant indissociable d'un
rapprochement des douze politiques de l'immigration. Concernant la maîtrise des flux migratoires, une harmonisation est
logique, dans la perspective d'un espace sans frontières;
l'accord de Schengen est un premier pas. Mais l'intégration
des immigrés installés dans la Communauté doit aussi être
pensée en commun. Le traité de Maastricht contient déjà des
éléments concernant le droit de vote de «certains» immigrés
– les ressortissants de l'un des États membres installés dans
un autre État. Cette disposition s'inscrit dans le dessein de
créer une citoyenneté communautaire, notion nouvelle introduite par le traité de Maastricht. Mais ce droit de vote est très
vivement critiqué par ceux qui craignent une intégration «à
deux vitesses». Or, comme chaque État ne peut accepter une
trop forte marginalisation de certaines communautés, l'Europe
ne le pourra pas non plus.

CHRONOLOGIE

1851 : Première comptabilisation des étrangers dans le recensement national : ils sont 381 000.

1907 : Création de l'Office central de placement, du Syndicat français de la main-d'œuvre agricole et du Comité d'étude et de contrôle de la main-d'œuvre étrangère, destinés à réguler les flux migratoires.

1924 : Création de la Société générale d'immigration.

1932 : Loi fixant des quotas de travailleurs étrangers dans les entreprises.

1933-1934 : Lois limitant l'exercice de certaines professions (médecins, avocats) aux seuls Français.

1940 : Le régime de Vichy révise les naturalisations accordées sous le Front populaire : 15 000 annulations sont effectuées.

1945 : Ordonnance définissant le principe d'égalité entre travailleurs nationaux et étrangers en matière du droit du travail ; création de l'Office national de l'immigration (ONI), transformé en Office des migrations internationales (OMI) en 1988 ; autorisation donnée aux immigrés de faire venir auprès d'eux leur famille (conjoint et enfants mineurs)

1973 : Révision du Code de la nationalité française pour faciliter la naturalisation des étrangers.

1974 : Arrêt « provisoire » de l'immigration économique.

1984 : Institution du titre de séjour unique de dix ans.

1988 : Publication du rapport de la commission présidée par Marceau Long sur le Code de la nationalité : « Être français aujourd'hui et demain ».

1992 : Ratification par la France du traité de Maastricht qui donne le droit de vote aux ressortissants d'un État membre de la Communauté européenne établis dans un autre État membre aux élections locales et européennes.

1993 : Discussion de deux projets de loi, l'un révise le Code de la nationalité (restriction du droit du sol) ; l'autre vise à restreindre les flux migratoires par un renforcement des contrôles.

LEXIQUE

CLANDESTIN : Personne en situation irrégulière sur le territoire national (sans titre de séjour).

DEMANDEUR D'ASILE : Étranger demandant le statut de réfugié politique en vertu de la Convention de Genève de 1951.

ÉMIGRÉ : Personne qui quitte son pays pour aller s'installer dans un autre pour des raisons économiques, politiques ou personnelles.

FLUX MIGRATOIRE : Mouvement de personnes quittant une région de la planète pour aller s'installer dans une autre, motivées par des raisons politiques, économiques... On parle d'immigration lorsqu'on observe le phénomène du point de vue du pays d'accueil et d'émigration, du pays de départ.

IMMIGRÉ : Personne établie durablement dans un pays dont elle n'est pas originaire. Un immigré peut être étranger (lorsqu'il n'a pas acquis la nationalité du pays d'accueil) ou français dans le cas contraire (c'est alors un Français d'origine étrangère).

MIGRANT : Personne qui se déplace d'un pays vers un autre.

REGROUPEMENT FAMILIAL : Autorisé depuis 1945, il permet aux immigrés de faire venir les membres de leur famille (conjoint et enfants) auprès d'eux.

TRAVAILLEUR CLANDESTIN : Personne française ou étrangère responsable d'un travail illégal (par exemple, travail non déclaré auprès de l'ASSEDIC et autres institutions).

BIBLIOGRAPHIE

Marianne Amar et Pierre Milza, *L'immigration en France au XXe siècle* (Armand Colin, 1990)

Jean-Claude Barreau, *De l'immigration en général et de la nation française en particulier* (Le Pré aux clercs, 1992)

Jacqueline Costa-Lascoux, *De l'immigré au citoyen* (La Documentation française, Notes et études documentaires n° 4886, 1989)

François Dubet, *Immigrations : qu'en savons-nous ? Un bilan des connaissances* (La Documentation française, Notes et études documentaires n° 4887, 1989)

François Dubet et Didier Lapeyronnie, *Les Quartiers d'exil* (Le Seuil, 1992)

Nacer Kettane, *Droit de réponse à la démocratie française* (La Découverte, 1986)

Didier Lapeyronnie (sous la direction de), *Immigrés en Europe, Politiques locales d'intégration* (La Documentation française, collection société, 1992)

Guy Le Moigne, *L'immigration en France* (PUF, 1991)

Yves Lequin, *La mosaïque France* (Larousse, 1988)

Olivier Milza, *Les Français devant l'immigration* (Éditions Complexe, 1988)

Dominique Schnapper, *La France de l'intégration, Sociologie de la nation en 1990* (Gallimard, 1991)

Dominique Schnapper, *L'Europe des immigrés* (François Bourin, 1992)

Patrick Weil, *La France et ses étrangers, L'aventure d'une politique de l'immigration 1938-1991* (Calmann-Lévy, 1991)

Michèle Tribalat (sous la direction de), *Cent ans d'immigration : étrangers d'hier Français d'aujourd'hui,* (PUF et INED, Travaux et documents, Cahiers n° 131, juillet 1991)

Achevé d'imprimer par Maury-Imprimeur S.A.
45330 Malesherbes
N° d'imprimeur : 43996 F
Dépôt légal : 9174 – Août 1993